# 빛의
# 울림으로
# 살아오다

완벽하지 않아도 괜찮아

# 빛의 울림으로 살아오다

완벽하지 않아도 괜찮아

**초판 1쇄 발행** 2026년 2월 20일

**지은이** 이상회
**펴낸곳** 드림위드에스
**출판등록** 제2021-000017호

**교정** 양수미
**편집** 드림위드에스출판사
**검수** 양수미
**마케팅** 위드에스마케팅

**주소** 서울특별시 강남구 학동로 165, 2층 (신사동)
**이메일** dreamwithessmarketing@gmail.com
**홈페이지** www.bookpublishingwithess.com

ISBN 979-11-24346-02-0(03670)
값 18,000원

# 빛의 울림으로 살아오다

완벽하지 않아도 괜찮아

이상회 지음

**삶의 고뇌를 열정으로 승화시킨, 한 연주자의 화려한 선율**

나는 이제 무대의 조명보다
학생의 눈빛, 관객들의 눈빛을 더 오래 기억한다.
한 음의 정확함보다,
한 사람의 마음을 울리는 울림을 믿는다.

드림위드에스

# 목차

## PART 4
# 음악이 알려준 치유의 선율



## PART 5
# 수평선을 그리는 사람들



"아무 일이 일어나지 않아도
우리가 하고 있는 일들은 절대 버려지지 않는다."

# 프롤로그

나는 오랫동안 '잘하는 사람'이 되고 싶었다.
완벽한 음을 내고, 더 높은 무대에 서고,
누군가의 칭찬 속에서 내 존재를 확인하고 싶었다.

그러나 시간이 지나며 깨달았다.
삶은 잘하는 사람이 아니라, 오래 버티는 사람의 이야기라는 것을.

이 책은 내 인생의 오선지 위에 새겨진 다섯 개의 악장이다.
봄의 건반에서 시작해, 슬픔의 겨울을 지나,
믿음과 회복의 선율로 이어졌다.
그 과정에서 나는 수없이 무너졌고,
그 무너짐 속에서 비로소 '진짜 나'를 만났다.

음악은 내게 기술이 아니라 언어였다.
세상과 대화하는 법, 누군가를 위로하는 법,
그리고 나 자신을 용서하는 법을 가르쳐주었다.

비올라의 낮은 울림은 사람의 목소리와 닮아 있었다.
그래서일까, 나는 평생 그 소리 안에서 사람을 배웠다.

지금의 나는 더 이상 높이 오르려 애쓰지 않는다.
주위를 넓히다 보면 더 많은 것들과 함께할 수 있기에….
나를 사랑해 주는 관객과 함께 호흡하고,
제자와 나란히 걷고, 동료와 숨을 맞추며,
삶이라는 오케스트라 속에서 조용히 내 파트를 연주한다.

이 책을 읽는 당신에게 말하고 싶다.
혹시 지금 멈춰 있는 자신에게 불안하다고 느껴진다면,
괜찮다고.
그 시간은 당신 자신을 위한 충전의 시간이기에….

음악처럼 인생도, 멈춘 음표 사이의 쉼표가 있어야 완성된다.
당신의 수평선에도 언젠가 빛의 울림이 깃들기를 바라며,
이 책을 건넨다.

비올리스트, 음악인 이상희

## 나의 비올라에게 보내는 편지:
## 고독한 길의 유일한 동반자에게

사랑하는 나의 비올라야. 오늘도 연습실의 정막을 깨고 너의 서늘하고도 따뜻한 몸통을 내 턱 끝에 바짝 붙여본다. 나무의 결마다 새겨진 시간의 흔적들이 내 살결에 닿을 때, 나는 비로소 내가 이 가혹한 세상에 혼자 던져진 것이 아님을 확인한다.

너를 처음 품에 안았던 그 서툴고 떨리던 소녀의 날부터, 시카고의 살을 에던 칼바람과 볼티모어의 외로운 새벽을 함께 관통해 온 지금까지, 너는 내 생의 가장 비참한 구렁텅이에서도, 가장 찬란한 무대 위에서도 나를 배신하지 않은 유일한 동반자였다.

세상은 내 신체적 한계를 조롱하며 "그 짧은 손가락으로는 결코 안 된다"고 무참히 못 박았지. 사람들의 차가운 시선이 내 꿈을 도려내려 할 때마다, 너는 묵묵히 내 가슴팍에 기대어 너의 체온으로 내 얼어붙은 의지를 녹여주었어.

내가 인간관계의 비정한 배신에 온몸을 떨며 밤새 피눈물을 쏟아낼 때, 너는 내 비명 섞인 흐느낌을 세상에서 가장 깊고 숭고한 공명으로 치환해 주었지. 누군가 나에게 죽음의 낙인인 부고 봉투를 던지며 자존감을 짓밟고, 독설의 비수로 내 등 뒤를 사정없이 찔러댈 때, 너는 그 상처 입은 내 영혼을 네 몸통 가득 받아내며 나 대신 온몸으로 진동하며 비명을 질러주었어. 너는 단순히 나무로 된 악기가 아니라, 나의 눈물이었고, 나의 방패였으며, 끝내 나를 인간으로 서 있게 한 거룩한 지팡이였다.

너는 알고 있지? 우리가 함께 그어온 그 수천만 번의 활질이 결코 헛된 몸부림이 아니었음을. 네 줄의 현 위에 새겨진 무수한 마찰의 흔적과 지판 위에 지워지지 않는 흉터처럼 남은 나의 지문들처럼 남은 나의 지문들은 이제 단순한 연습의 기록이 아니야. 그것은 소음과 편견의 벽을 부수고 나온, 그 누구도 흉내 낼 수 없는 우리만의 독보적이고 단단한 선언이 되었어. 세상이 말하는 화려한 명성이 우리를 비껴가도, 남들이 탐내는 높은 자리가 아니어도 상관없다.

네가 내 내면의 가장 밑바닥에 숨겨진 진실을 가장 정직하고 웅장하게 울려주고 있으니, 나는 너와 함께하는 이 순간 세상 그 누구보다 강력한 권위를 가진 연주자야.

고맙다. 나의 거친 숨결을 빛의 울림으로 승화시켜 주어서. 나의 초라한 고독을 고귀한 투쟁의 서사로 바꾸어주어서. 앞으로도 우리는 함께 늙어 가겠지만, 결코 낡아지지는 말자. 내 손등에 주름이 골짜기처럼 깊어지고 활을 쥐는 완력이 서서히 사그라지는 그 마지막 순간까지, 너만은 내 곁에서 가장 낮고 위엄 있는 목소리로 세상을 향해 포효해 줘.

너와 함께라면 나는 그 어떤 삶의 불협화음 속에서도 끝내 전율적인 화음을 찾아낼 수 있을 것 같아. 나의 분신, 나의 긍지, 나의 비올라야. 우리의 연주는 아직 끝나지 않았다. 아니, 이제부터가 진짜 시작이야. 화이팅!!!

PART 1

# 아직 이름 붙이지 못한 재능

"누구에게나 시작은 서툴다. 하지만 그 서투름이 나를 만든다."

# 1.
# 닿지 않는 옥타브, 닫혀버린 문

내 안의 모든 소리가 멎었던 그날을 기억한다. 조선일보 콩쿠르가 끝난 날, 선생님은 단 한 문장으로 내 세상의 건반을 모두 들어냈다.

"네 손으론 안 돼."

그는 내 작은 손을 자신의 커다란 손 위에 올려놓고 한참을 들여다보았다. 그리고는 나를 피아노 앞에 앉히고 조용히 말했다.

"옥타브 한번 쳐봐."

나는 건반 위에 손을 올렸다. 낮은 '도'에 엄지를, 한 뼘 너머의 높은 '도'에 새끼손가락을 얹었다. 피아노의 차가운 플라스틱 건반이 내 작은 손을 거부하듯 손가락 마디마디가 비명을 지르며 찢어질 듯 아팠다.

*땅— 땡—*

두 음은 온전히 하나가 되지 못하고 어설프게 부딪혔다. 소리는 힘이 없었다.

그날 레슨이 끝난 뒤, 선생님은 엄마를 따로 불렀다.

거실 한편에서 두 사람의 낮은 목소리가 오갔다.

"열한 살이면 이제 성장이 거의 끝났을 나이예요. 솔직히 말씀드리면, 피아노 전공은 손의 조건이 따라줘야 합니다. 연습으로 손이 커지진 않아요."

그 말이 들려오는 순간, 나는 문틈 너머로 숨을 죽였다.

다섯 살부터 쌓아 올린 시간의 탑이 먼지처럼 허물어졌다.

매일 세 시간을 꼬박 바쳤던 건반 위의 노력과 땀방울이 한순간에 의미를 잃어버렸다.

집으로 돌아오는 차 안은 무겁게 가라앉아 있었다. 창밖으로 스치는 도시의 불빛만이 묵묵히 제 갈 길을 갈 뿐, 엄마도 나도 아무런 말을 꺼내지 않았다. 엄마의 건강을 위해 백운호수가 내려다보이는 의왕으로 이사한 지 두 달, 나는 낯선 교실 속에서 새로운 공기에 적응하려 애쓰고 있었다.

"서울에서 왔다며?"

"도시 애들은 공부만 잘하지 음악이랑 운동은 못한다던데?"

농담처럼 던지는 말들 뒤에는 묘한 시선이 숨어 있었다.

아이들의 말투엔 호기심과 경계, 그리고 알 수 없는 시기와 질투가 섞여 있었다.

쉬는 시간마다 그들 곁에 서보려 했지만, 웃음의 박자가 늘 반 박자 늦었다.

그 어색한 거리감 속에서 나는 더 조용해졌고, 그 침묵이 오히려 나를 단단하게 만들었다.

이사 온 집의 내 방은 차갑고 낯설었다. 방 안은 이상하리만큼 조용했다. 인형도 없고, 장식도 없고, 그저 책상과 피아노, 그리고 스탠드 불빛만이 공간을 채우고 있었다.

내 책장 벽면에는 어릴 적 선생님이 진도를 나갈 때마다 붙여주던 형광별 스티커가 붙어 있었다.

그 별들은 한때 내게 가장 큰 보상이었고, 그 작은 빛을 받기 위해 나는 하루도 빠짐없이 건반 앞에 앉았다.

하지만 그날 밤, 아무리 생각해 봐도 별은 더 이상 반짝이지 않았다.

나는 피아노 앞에 앉은 다섯 살의 나를 떠올렸다.

그때 엄마는 "이 아이는 피아노를 배우면 좋겠다."라고 하셨고, 초등학교 1학년이 된 나는 저금통을 깨서 그 돈으로 처음 내 피아노를 샀다.

그 커다란 악기는 내 세상의 중심이었고, 별빛보다 선명한 나의 첫 꿈이었다.

그날 이후, 피아노는 깊은 침묵에 빠졌다. 이틀, 사흘, 나흘이 지나도록 덮개는 굳게 닫혀 있었고, 그 위로 시간처럼 얇은 먼지가 소복이 쌓였다. 학교에서 친구들이 물었다.

"콩쿠르 어떻게 됐어?"

"…그냥."

"다음에 또 하면 되지 뭐."

그들은 몰랐다. 내게는 더 이상 '다음'이라는 계절이 오지 않는다는 것을.

며칠 뒤, 엄마가 조심스럽게 말을 꺼냈다.

"상회야, 내일 평창동에 가자. 아빠 아는 지인분이 음악을 하신대."
"무슨 음악이요?"
"비올라래. 바이올린 비슷한 거라는데, 나도 잘 모르겠어."

비올라. 태어나 처음 들어보는 낯선 이름이었다.

토요일 아침, 우리는 평창동의 가파른 언덕을 천천히 올랐다.
그날은 동생도 함께였다. 나보다 다섯 살 어린 여섯 살배기 동생은 차멀미로 늘 고생했다.
평창동까지 가는 길은 꼬불꼬불하고 멀었다. 차가 언덕을 돌 때마다 동생은 창문을 열고 얼굴을 내밀며 토할 듯 괴로워했다. 엄마는 늘 비닐봉투를 들고 옆자리에 앉아 있었다.

"언니 때문에 내 인생이 이렇게 됐어."

지금도 농담처럼 그렇게 말하지만, 그때의 동생은 정말 힘들었을 것이다.
나는 그저 피아노와 음악밖에 몰랐고, 동생의 멀미는 내 꿈의 그림자처럼 따라다녔다.

나도 알고 있다. 그건 미안함으로 오래 남아 있다.

엄마는 오로지 나를 위해 운전면허를 따셨다. 그것도 자동이 아닌 스틱이었다. 택시비가 너무 비싸서, 직접 몰고 다니는 수밖에 없었다고 하셨다.

겨울이면 평창동의 언덕은 얼어붙어 있었다.

가파른 경사, 마치 70도는 족히 넘어 보이는 그 언덕을, 엄마는 손에 땀을 쥐며 스틱 기어를 바꿔 가며 천천히 올랐다.

의왕에서 평창동까지의 거리는 길었지만, 그날따라 더 멀게 느껴졌다.

피아노를 내려놓고 낯선 악기를 시작해야 하는 물리적인 거리만큼, 내 마음속에서도 현실과 꿈의 간격이 조금씩 벌어지고 있었다.

그 길 위에서 나는 처음으로 '거리'라는 단어의 무게를 배웠다.

차는 고급스러운 3층 빌라 앞에 멈춰 섰다. 외벽은 세월의 흔적보다는 세련된 여유가 느껴졌고, 정원에는 잘 다듬어진 나무들이 가지런히 서 있었다.

'여기서 음악을 배운다고?'

초인종을 누르자, 첼로보다 높고 바이올린보다 낮은 음색이 문틈 사이로 흘러나왔다. 묘하게 사람의 목소리를 닮은 따뜻한 울림이었다.

곧이어 문이 열리고, 문 틈새로 내부의 모습이 슬쩍 보였다. 그 순간, 나는 기가 눌린 듯 숨이 막혔다. 고급스러운 향기, 반짝이는 마룻바닥, 빛이 스며든 거실, 그 모든 게 나와는 다른 세상 같았다.

나는 그냥 평범한 사람으로 살아왔는데, 이곳은 마치 다른 세계였다.

'내가 정말 여기서 음악을 할 수 있을까?'

그 생각이 머릿속을 맴돌았다.

문을 열어준 사람은 고급 셔츠에 면바지를 입은 젊은 남자 선생님이었다. 그는 환하게 웃고 있었다. 그의 말투와 제스처에는 평창동 특유의 여유와 부티가 묻어 있었다.

"상회 맞지? 들어와."

거실은 생각보다 넓었다. 한쪽 벽이 통유리창이었고, 창밖으로 우거진 숲이 풍경을 가득 채우고 있었다. 그는 내게 피아노 이야기를 먼저 물었다.

"피아노 했다면서? 손이 작아서 힘들었다고?"

나는 그저 고개를 끄덕였다.

"손 좀 볼까?"

선생님은 내 작은 손을 자신의 손으로 따뜻하게 감쌌다. 그 온기가 얼어붙었던 마음 한구석을 녹이는 듯했다.

"음… 작긴 한데, 생각보다 괜찮은데? 비올라는 손 크기가 그렇게 중요하지 않아. 오히려 이런 손이 힘이 있고 섬세해서 좋아."

그 말을 듣는 순간, 한계라고 믿었던 상황에서 새로운 시작을 위한 선물을 받은 것처럼 꺼져 있던 가슴속에 아주 작은 불빛 하나가 켜졌다. 누군가 처음으로 내 손을 '괜찮다'고 말해준 순간이었다.

선생님은 스피커를 켜고 세 가지 현악기의 소리를 들려주었다. 첫 번째 바이올린은 날카로웠고, 두 번째 첼로는 깊었다. 그리고 마지막, 비올라. 사람의 낮은 목소리처럼 따뜻하고, 어딘가 조금은 쓸쓸한 음색이었다.

"어떤 게 제일 좋니?"

나는 망설임 없이 답했다.

"…세 번째요. 사람 목소리 같아요."
"우와, 귀가 좋네. 맞아. 비올라는 사람의 목소리랑 제일 닮았거든."

선생님이 케이스를 열자, 벨벳 안감 위로 갈색 나무 악기가 조용히 누워 있었다.

"이거 비싸 보이는데요?"

내 물음에 그는 웃으며 답했다.

"그렇지. MBC 앵커 딸이 쓰던 거야."

그는 악기를 들어 내 어깨 위에 올려주었다. 묵직했지만, 피아노의 차가운 건반과는 다른 나무의 온기가 손끝을 타고 심장까지 전해졌다. 선생님이 내 손을 부드럽게 감싸 쥐고 천천히 활을 움직였다.

두— 두—

공기가 진동했다. 그것은 분명 내가 낸 소리였다. 건반을 누르면 안에서 해머가 현을 치는 피아노와 달리, 비올라는 내 몸이 직접 현을 울려 세상과 만나는 악기였다.

"어때?"

"…신기해요."

"그렇지? 비올라는 네 몸의 울림이 느껴지면서 소리가 나는 악기야. 해볼래?"

나는 엄마를 보았으며, 엄마는 다시 나를 보았다. 두 사람의 눈빛이 허공에서 잠시 엮였다가, 동시에 고개를 끄덕였다.

"해보고 싶어요."

그날, 500만 원짜리 악기가 내 운명이 될 줄은 몰랐다.

한계라고 믿었던 나의 작은 손이, 사실은 새로운 시작을 위한 조건이었음을 나는 아주 오랜 시간이 흐른 뒤에야 깨달았다.

이루고 싶은 것과 내가 서 있는 자리 사이의, 보이지 않는 간격.

그 후 매주 평창동까지 오르내리는 비올라 레슨이 시작되었다. 그때부터가 가족들이 나를 위해 애썼던 순간이 아니었나 싶다. 그 맘을 알기에 여름엔 악기에 땀이 줄줄 흘러내리고 겨울이면 손끝이 얼어 활을 잡기도 힘들어도 나는 악기를 품에 안고 버텼다.

그 시절, 내 어깨 위에 있었던 건 비올라보다 조금 더 무거운 '어른이 되는 연습'이었다.

***

평창동 선생님은 지금 몸이 편찮으시다. 일흔 중반의 나이에 벌써 네 번의 큰 수술을 받으셨다.

얼마 전, 내가 선생님을 부축해 서초동 악보 서점을 함께 다녀왔다. 천천히 걸음을 옮기시던 선생님의 손끝이 아직도 기억난다.

세월이 흘러도 선생님과의 추억, 그 가르침은 내게 여전히 가장 소중한 시간으로 남아 있다.

선생님이 지금도 현존하신다는 것, 그 자체가 감사하고 기쁘다.

부디 오래도록 건강하시길 바란다.

며칠 전, 선생님은 함께 식사를 하시며 이렇게 말씀하셨다.

"상회, 너는 재능이 있었지."

그 말을 들었을 때, 마음속 어딘가가 조용히 울렸다.

레슨을 받던 시절, 그 말을 단 한 번도 들어본 적이 없었다.

그때 그 한마디만 들을 수 있었다면, 조금은 더 자신 있게 음악을 할 수 있지 않았을까….

이제야 알게 되었다.

그 한마디가, 이렇게 오래 기다려 온 위로였다는 것을.

*한 문이 닫힐 때, 우리는 그것을 실패라고 부른다.*
*하지만 때로는 그 닫힌 문이 우리를 다른 길로 떠미는*
*운명의 배려일지도 모른다. 내 손은 피아노에는 작았지만,*
*비올라에는 딱 맞았다. 한계는 끝이 아니라,*
*다른 시작의 신호였다.*

# 2.
# 꼴찌가 된 날, 나는 진짜 나를 만났다

비올라를 만나기 전 일이었다.

유리창 너머로 쏟아지는 3월의 햇살이 대기실의 모든 것을 눈부시게 만들었다. 하지만 그 강렬한 빛은 오히려 그림자를 더욱 짙게 만들었고, 나는 그 속에 숨어 점점 더 작아지고 있었다. 손에 쥔 '4번' 번호표는 땀에 젖어 축축하게 구겨져 있었다.

주위를 둘러보니 모두 나보다 한두 살은 많아 보이는 언니들이었다. 5학년, 6학년. 반짝이는 드레스와 단정하게 빗어 넘긴 머리. 그들은 이미 '무대의 사람들' 같았다. 나는 고작 4학년이었다.

"1번, 박지민."

한 언니가 천천히 일어섰다. 그 언니는 조금의 떨림도 없는 손끝으로 문을 열고 들어갔다. 잠시 후, 쇼팽의 녹턴이 흘러나왔다. 첫 음이 울리는 순간, 나는 이미 모든 것을 알 수 있었다. 저것이 진짜였다. 10분 뒤, 언니는 환한 미소를 지으며 무대를 내려왔다. 이어 경쾌한 모차르트가, 그다음엔 강렬한 베토벤이 대기실을 가득 채웠다.

그리고 마침내 내 이름이 불렸다.

“4번, 이상회.”

무대 위로 올라서는 순간, 뜨거운 조명이 내 모든 시야를 삼켰다. 눈앞의 피아노는 그 존재가 낯설 만큼 거대하게 느껴졌다. 객석의 수많은 눈동자가 나를 향해 있었고, 나는 마른 숨을 한번 삼키고 자리에 앉았다. 건반 위에 올린 손끝은 얼음장처럼 차가웠다.

첫 음을 눌렀지만, 소리는 힘없이 흩어졌다. 두 번째 음에서 손가락이 꼬였고, 페달은 박자를 놓쳤다. 음들이 뒤엉키며 머릿속이 하얗게 비어버렸다. 그때, 관객석에서 나를 바라보던 언니들의 눈빛이 보였다. 팔짱을 낀 채 무표정히게 나를 응시하던 그 시선. 아무도 말하지 않았지만, 그들의 눈은 똑똑히 말하고 있었다.

‘저 애, 망했네.’

공기 중에 떠다니는 그 차가운 속삭임이 나를 옥죄었다. 10분짜리 곡이 영원처럼 길게 느껴졌다.

마지막 화음을 겨우 눌렀을 때, 손끝의 힘이 모두 빠져나갔다. 박수 소리가 들려왔지만, 그것은 격려가 아닌 가여운 위로처럼 들렸다.

나는 고개를 깊이 숙이고 무대를 내려왔다. 그 순간의 공기는 아직도 폐부 깊숙이 선명하다.

“괜찮아, 잘했어.”

대기실로 돌아온 나를 엄마가 꼭 안아주었다. 하지만 그 말이 이상하게 더 아팠다. 엄마도 알고 있었고, 나도 알고 있었다. 오늘 나는 결코 잘하지 못했다는 것을.

언니들은 자기들끼리 웃고 있었다.

"너 몇 번이야?"

"7번. 너는?"

"9번. 나 뒤엔 다 초등학생이라던데."

그들의 웃음소리를 뒤로하고, 나는 구석 의자에 조용히 앉아 내 손을 펼쳐 보았다. 옥타브가 겨우 닿는, 작고 힘없는 손.

'나는 왜 안 될까.'

그날 저녁, 결과가 나왔다. 1등 박지민, 2등 최예은, 3등 김서현. 열 명 중 열 번째에 내 이름이 있었다. 나는 꼴찌였다. 그날 피아노 선생님이 말했다.

"손이 작아서… 피아노 전공은 어렵겠구나."

***

그날의 기억을 모두 털어놓자, 비올라 선생님이 내 어깨에 손을 올렸다.

"그래서 비올라를 시작한 거구나. 그날 무대가 무서웠고, 언니들이 무서웠고, 네가 부족하다는 게 무서웠구나."

나는 고개를 끄덕였다. 선생님은 부드럽게 덧붙였다.

"부러웠구나."

"…네."

"상회야, 그 언니들은 피아노의 길을 걷고 있었고, 너는 비올라의 길을 걷게 된 거야. 그날 무대가 없었다면, 지금의 너도 없었을 거야."

나는 조용히 비올라를 들어 올렸다. 활을 현에 댔다.

웅— 우우웅—

이번에는 소리가 흔들리지 않았다. 내 안에서 단단한 울림이 자리 잡았다. 선생님이 미소 지었다.

"그래, 그거야."

그날 이후, 나는 연습할 때마다 무대 위 언니들을 떠올렸다. 그들의 완벽한 연주는 내 안의 열등감을 건드렸고, 그 열등감은 나를 비올라라는 새로운 길로 이끌었다.

이제 그들은 더 이상 넘어야 할 벽이 아니었다. 나를 나의 길로 밀어 준, 고마운 바람이었다.

*실패의 순간, 우리는 자신이 부족하다고 느낀다.*
*하지만 때로는 그 부족함이 우리를 정확한 자리로 안내한다.*
*나는 피아노에서는 꼴찌였지만, 비올라에서는*
*나만의 소리를 찾았다. 누군가의 완벽함 앞에서 느낀 열등감이,*
*결국 나를 나답게 만든 출발점이었다.*

# 3.
# 굳은살, 가장 단단한 선율

비올라를 처음 만난 날, 나는 내 방에서 첫 소리를 내보았다.

*끼이이익—!*

방 안이 요란하게 울렸다. 마치 고양이가 지르는 비명 같았다.

거실에서 엄마의 목소리가 들려왔다.

"상희야, 악기 괴롭히지 마!"

얼굴이 화끈 달아올랐다. 나는 황급히 방문을 닫고, 비올라를 품에 안았다. 그리고 마음속으로 중얼거렸다.

'미안해, 이제부터 잘해줄게.'

내 손끝에서 태어나는 것은 음악이 아니었다. 고양이의 절규였다. 선생님은 늘 "천천히, 부드럽게 그으면 돼."라고 말했지만, 결과는 같았다. 그 소리는 다음 날도, 또 그다음 날도 달라지지 않았다.

매일 서녁 일곱 시가 되면 우리 집은 야생의 밤처럼 날카로운 울음으로 가득 찼고, 마침내 옆집 아저씨는 인내심이 바닥난 듯 벽을 쿵쿵 두드리기 시작했다.

일주일이 지났을 무렵, 나는 결국 레슨 때 조심히 여쭤봤다.

“선생님, 저 소질 없는 것 같아요.”
“왜?”
“일주일째인데 아직도 이상한 소리만 나요.”

선생님도 내 얼굴을 보며 미소 지으셨다.

“당연하지. 나는 일 년이나 걸렸어.”
“…일 년이요?”

나는 선생님을 바라보며 한참을 멍하니 서 있었다.
일 년, 아직 절망의 시간이 한참이나 남아 있었다. 그 시간이 너무도 길고 막막하게 느껴졌다.

3주가 지났을 무렵, 왼손 검지 끝에 작고 투명한 물집이 잡혔다. 현을 누르던 바로 그 자리였다.
손끝이 악기에 닿을 때마다 따끔거렸고, 줄을 힘주어 누르면 피가 비칠 듯 아팠다.

“물집이네. 오늘은 쉬자.”

엄마가 걱정했지만 나는 고개를 저었다.

“아니요. 괜찮아요.”

엄마가 붙여준 반창고는 연습을 시작하자마자 금세 떨어져 나갔다. 나는 그 위에 테이프를 한 겹 더 단단히 감고 다시 활을 들었다.

*끼익—*

여전히 마음에 들지 않는 이상한 소리였다.

그리고 한 달째 되던 금요일 밤, 기적 같은 순간이 찾아왔다.

나는 늘 하던 대로 악기를 꺼내 들었다. 손끝의 물집은 이미 터져 딱딱한 굳은살이 앉아 있었고, 이제는 눌러도 별다른 통증이 없었다. 활을 천천히 그었다.

*웅—*

순간, 세상의 모든 소리가 멈춘 듯했다.

‘지금… 뭐였지?’

심장이 미친 듯이 두근거렸다. 나는 숨을 참고 다시 활을 움직였다.

*웅—*

이번에는 확실했다. 이상한 소음이 아니었다. 진짜 비올라의 소리였다.

“엄마! 엄마!”

방문을 박차고 거실로 뛰어나갔다.

"들어봐요!"

나는 엄마 앞에서 다시 활을 그었다.

*웅—*

엄마의 눈이 동그래졌다.

"어머, 상회야… 이거 진짜 예쁜 소리다!"

우리는 서로를 부둥켜안고 어린아이처럼 방방 뛰었다. 한 달 만에 처음으로 내 힘으로 만들어낸, 진짜 나의 소리였다. 하지만 기쁨에 겨워 두 번째 활을 그은 순간, *끼익—* 하고 익숙한 비명이 터져 나왔다. 나는 피식 웃었다. 그제야 알았다. 한 번의 성공이 영원한 완성을 의미하는 것은 아니라는 것을.

그 후 다시 한 달이 지났을 무렵, 선생님은 새로운 악보를 주었다. 비올라 교본, 텔레만 콘첼토로 수없이 쳤던 곡이었다.

"그럼 금방 하겠네."

선생님이 말했지만, '금방'은 결코 아니었다. 계이름과 음정이 계속 어긋났다. 피아노는 건반이 모든 음을 정확히 정해주었지만, 비올라는 달랐다. 내 손끝이 현 위의 보이지 않는 '어딘가'를 직접 찾아야만 했다.

"손가락을 조금만 더 왼쪽으로."

"이렇게요?"
"아니, 그것보다 아주 살짝 오른쪽."

눌린 손을 움직이기만 해도 그 눈에 보이지도 않는 작은 차이가 음의 모든 것을 결정했다.

나는 하루 종일 같은 구절만 반복했다. 오십 번, 백 번, 그리고 그 이상을. 밤 열 시가 넘어 시계를 보았을 때 나는 시간이 어떻게 흘렀는지도 몰랐다. 피아노를 칠 때는 30분이 세 시간 같았는데, 비올라는 세 시간이 30분처럼 흘러갔다.

그러던 어느 날, 학교에서 친구 지영이를 만났다.

"너 요즘 무슨 악기 해?"

지영이가 물었다.

"비올라."
"그게 뭐야?"
"바이올린이랑 비슷한데 좀 더 커."
"아~ 그거? 주인공 아니잖아. 뒤에서 반주만 하는 거."

그 말에 나는 아무 대답도 하지 못했다. 사실이었으니까.
나는 다음 레슨 때 선생님께 여쭤봤다.

"선생님, 비올라는 왜 주인공이 아니에요?"

"주인공이 뭐라고 생각해?"

"…멜로디요."

"그럼 반주가 없으면 멜로디가 빛날 수 있을까?"

"…그건 아니지만요."

"비올라는 음악의 중심이야. 바이올린이 하늘을 나는 새라면, 비올라는 그 새를 힘껏 떠받치는 바람이란다."

선생님의 말을 듣고 나는 한참 동안 활을 쥔 채 서 있었다.

'주인공이 아니어도 괜찮아. 누군가를 받쳐줄 수 있다면.'

그 문장이 내 마음 가장 깊은 곳에 조용히 가라앉았다.

어느 저녁, 혼자 연습실에 남아 활을 긋고 있었다.

웅— 우우웅—

그 순간, 소리가 어깨를 타고 흘러 가슴 전체로 퍼져나갔다.

깊고 낮은 진동이 내 몸을 지나 심장에 가만히 닿았다.

이거구나.

선생님이 말했던, '비올라는 네 몸에서 소리가 나는 악기'라는 말의 의미를 비로소 알았다.

피아노는 내가 건반을 누르면 해머가 현을 치는, 나와 분리된 악기였다. 나는 그저 소리를 내도록 명령하는 사람이었다.

하지만 비올라는 달랐다. 악기와 나는 하나였다. 내가 숨을 쉬면 악기도 함께 숨을 쉬었다.

나는 거울 앞에 서서 비올라를 안은 내 모습을 가만히 바라보았다. 그 모습이 더 이상 낯설지 않았다. 비올라가 나에게 "왜 이제 왔어."라고 말하는 것 같았다.

처음의 어색함은 사라지고, 이제 악기는 마치 내 몸의 일부처럼 자연스러웠다. 나는 가만히 내 손끝을 바라보았다. 끓어오르던 물집은 어느새 단단한 굳은살로 변해 있었다. 아프지 않았다. 오히려 자랑스러웠다. 이 작은 굳은살이 내가 포기하지 않고 얼마나 치열하게 버텨냈는지를 증명해 주고 있었다.

다음 레슨 날, 나는 의기양양하게 선언했다.

"선생님, 저 이제 소리 내는 방법을 조금 알 것 같아요."

"정말? 어디 한번 들어볼까?"

나는 숨을 고르고 활을 천천히 그었다.

웅— 우우웅—

부드럽고 고른 소리가 레슨실을 가득 채웠다.

"이 손 좀 봐. 이게 바로 음악가의 손이야. 여기 굳은살 하나하나가 전부 네 노력의 증표란다."

그날 밤, 나는 침대에 누워 오랫동안 내 손끝을 바라보았다.

물집이 터져 아픔에 울먹이던 날들, 반창고가 자꾸만 벗겨져도 다시 활을 고쳐 잡던 수많은 밤들, 찢어지는 고양이 소리에 좌절했다가도 동이 트면 다시 악기를 꺼내 들었던 새벽들.

그 모든 시간이 모이고 쌓여 지금의 이 소리를 만들었다. 비올라는 이제 더 이상 '누군가가 쓰던 악기'가 아니었다. 그것은 내 목소리였고, 내 마음의 울림이었으며, 세상에 단 한 번뿐인 내 이야기를 대신 들려주는 또 하나의 나였다.

*고통은 성장의 다른 이름이다. 손끝의 물집이 터질 때 우리는 포기를 생각하지만, 그 상처가 단단한 굳은살로 변하는 순간 비로소 진짜가 된다. 한 달간의 끔찍했던 소리는 나를 음악가로 만들었고, 그 고통의 시간은 내 안에서 가장 단단하고 아름다운 선율이 되었다.*

## 4.
## 두 개의 스승, 자와 활

하지만 하나의 산을 넘자 또 다른 산이 나를 기다리고 있었다.

"야, 이상희! 너 어깨 내려!"

학교 복도 끝에서 민수가 소리쳤다. 아이들이 와르르 웃음을 터뜨렸고, 나는 무의식적으로 어깨를 움츠렸다. 비올라 연습을 매일 하느라 어깨가 귀에 닿을 듯 잔뜩 솟아오른 내 모습이 그제야 나에게도 낯설게 보였다. 민수의 말이 거울처럼 내 잘못된 자세를 정면으로 비추고 있었다.

평창동 레슨실, 거울 앞에 선 내게 선생님의 목소리가 단호하게 날아왔다.

"상희야, 살짝 왼쪽으로 틀어봐."

나는 억울하다는 듯 "네, 틀었어요!"라고 대답했다. 선생님은 짜증 섞인 눈빛으로 나를 바라봤다. 거울 속의 나는 여전히 어깨에 힘이 잔뜩 들어가 있었다.

거울 속에는 보이지 않는 짐을 짊어진 사람처럼 긴장으로 굳은 내 모습이 선명했다.

“내리는 것만으로는 안 돼. 연주 내내 그 상태를 유지해야 해. 다시.”

선생님의 목소리는 낮고 부드러웠지만, 그 안에는 단단한 기준이 있었다.

이마에는 땀이 맺히고 손바닥은 축축하게 젖었다.

그날 선생님은 내 손에 30cm 자 하나를 쥐여주었다.

왼손 팔꿈치를 더 안으로 넣으라는 뜻이었다.

그 30cm 자의 차가운 감촉이 아직도 기억난다.

그날 이후 나는 손을 조금 더, 더 깊이 안쪽으로 밀어 넣었다.

그건 숙제였지만, 내게는 넘어야 할 벽 같았다. 몸이 먼저 배우는 법칙, 그 시절의 연습 방식이었다.

그날 밤, 집에 돌아와 거울 앞에 섰다.

레슨실에서의 긴 하루가 아직 몸에 남아 있었다.

나는 선생님이 말했던 각도를 떠올리며 천천히 자세를 잡았다.

“살짝 왼쪽으로 틀어봐.”

그 한마디가 귓가에서 계속 맴돌았다.

*웅— 딸그락—*

활이 현 위에서 미끄러졌다. 다시 잡고, 또 그어보고, 또 틀렸다. 반복될수록 팔은 저렸고, 시계는 밤 11시를 향해 가고 있었다. 거울 속의 나는 여전히 어색했지만, 포기하지 않았다.

그날 이후 나는 조금씩, 아주 조금씩 달라지고 있었다.

밤이 깊었지만, 엄마는 불을 끄지 않았다.

나는 여전히 거울 앞에 서 있었다. 활을 움직일 때마다 숨이 조금씩 가빠졌다.

거실 쪽에서 조용한 숨소리가 들려왔다.

엄마는 늘 그랬다. "자."라는 말 대신, 내가 멈출 때까지 그냥 거실에 앉아 계셨다. 그 묵묵한 기척이 벽 너머에서 전해졌다. 말은 없었지만, 그 침묵이 가장 따뜻했다.

나는 고개를 숙이고 천천히 활을 내렸다.

그제야 방 안의 공기가 조금 누그러졌다.

새벽 두 시. 자는 더 이상 나의 피부에 와닿지 않았다. 곡의 마지막 음이 방 안에 고요히 울릴 때까지, 내 어깨는 악기와 균형을 맞추고 있었다. 나는 바닥에 주저앉아 내 옆에 놓인 천 원짜리 플라스틱 자를 바라보았다. 오늘 밤, 그것은 세상에서 가장 무거운 도구이자 가장 값진 트로피였다.

일주일 후의 레슨 시간. 나는 다시 악기를 들었다. 어깨 위에는 아무것도 없었지만, 몸은 이미 그 가벼움을 기억하고 있었다. 활이 현을 스치는 순간, 깊고 부드러운 소리가 공간을 채웠다.

[illegible]

그것은 이전과는 완전히 다른 울림이었다. 마치 내 안의 잠들어 있던 어떤 감정을 깨우는 듯한 소리였다.

"완전히 다른 소리가 나네."

선생님의 얼굴이 환하게 빛났다. 그 미소가, 내가 처음으로 받아 든 상장처럼 느껴졌다.

하지만 기쁨은 잠시였다. 얼마 후, 나는 또 다른 벽 앞에 섰다.

"슈베르트 콘첼토 1악장."

선생님이 펼친 악보 위에는 빽빽한 음표들이 검은 파도처럼 일렁이고 있었다. 처음 몇 마디는 괜찮았다. 그러나 숨 가쁜 구절에 들어서자 손가락이 엉키고 활이 현 위에서 미끄러졌다.

*삑—*

날카로운 소리가 심장을 찔렀다.

"다시."

세 번, 네 번, 다섯 번. 틀릴 때마다 심장은 더 빨리 뛰고 손에는 힘이 들어갔다. 왜 안 되는 거지? 나는 활을 더 세게 눌렀다. 더 빠르게, 더 강하게.

*그리고 그 순간, 탁—*

짧고 건조한 소리와 함께 시간이 멈췄다. 내 손에는 줄이 끊어진 악기만이 힘없이 들려 있었다. 아…. 터져 나오는 신음을 막을 수 없었다. 눈물이 왈칵 쏟아졌다. 줄이 끊어져서가 아니었다. 그동안 억눌러 왔던 피로와 자괴감, 미안함과 두려움이 한꺼번에 무너져 내린 것이었다.

선생님은 내 울음이 잦아들 때까지 아무 말 없이 기다려주었다. 그리고는 조용히 입을 열었다.

"상회야, 줄이 끊어진 건 활을 잘 써보려고 하다가 끊어진 거야. 네 잘못이 아니야. 줄은 원래 소모품이니까. 하지만 오늘 끊어진 건, 어쩌면 줄이 아니라 네 마음이었을지도 모르겠다."

그의 눈빛이 따뜻하게 흔들렸다.

"잘하고 싶은 마음에 너무 서두른 거야. 몸이 긴장했고, 그 과도한 힘이 고스란히 줄에 전해진 거지. 음악은 속도가 아니라 깊이야. 빨리 가려고만 하면 결국 끊어지게 돼. 이 줄처럼 말이야."

그는 줄이 끊어진 악기를 조심스럽게 책상 위에 올려놓았다.

"오늘은 그만 쉬자. 천천히 가도 괜찮아."

집으로 돌아오는 길, 하늘은 온통 주황빛으로 물들어 있었다. 그 빛이 마치 따뜻한 위로처럼 내 마음 깊은 곳을 천천히 덮었다. 나는 다시 이 속삭였다.

'급하게 가지 말자. 천천히, 그리고 깊게.'

그날 이후, 나는 연습을 시작하기 전에 늘 내 마음의 상태부터 점검했다. 조급함이 느껴지는 날에는 차라리 활을 들지 않았다. 숨을 고르고, 마음이 호수처럼 고요해졌을 때 비로소 첫 음을 냈다.

30cm 자는 내 어깨의 긴장을, 끊어진 줄은 내 마음의 긴장을 풀어주었다. 둘은 소리 없는 스승이었다. 때로는 가장 단순한 것이 가장 깊은 깨달음을 준다. 천 원짜리 자 하나가 내 몸의 균형을, 끊어진 줄 하나가 내 마음의 균형을 되찾아 주었다. 음악은 빠르게 내달리는 기술이 아니라, 천천히 마음을 울리는 진심의 예술이라는 것을 나는 그때 배웠다.

*때로는 도구가 스승이 된다. 천 원짜리 자 하나가 몸의 긴장을 가르쳐줬고, 끊어진 줄 하나가 마음의 조급함을 깨닫게 했다. 음악은 속도의 예술이 아니라 깊이의 예술이다. 천천히 가는 사람이 결국 더 멀리 간다.*

# 5.
# 본분이라는 이름의 무게

얼마 후, 엄마가 합격 통지서 한 장을 들고 내 앞에 섰다.

종이 위에는 '예술중학교'라는 다섯 글자가 선명했다. 나는 웃으며 통지서를 받아 들었지만, 엄마의 얼굴에는 미소가 없었다. 엄마는 그저 종이를 천천히 접으며 낮은 목소리로 말했다.

"이제 신싸 시작이네."

그것은 축하가 아닌 선언처럼 들렸다. 나는 고개를 끄덕였다. 기쁨보다 묘한 두려움이 앞섰다. 예술중학교, 그곳은 음악을 좋아하는 아이들이 가는 곳이 아니었다. 음악을 '하고 싶어 하는', '해야만 하는' 아이들이 모이는 곳이었다.

그 후 우리는 학교 근처인 강동구로 이사했다.

같은 학교 학생들의 교복을 입고 등교를 하기 시작했다.

나는 단순히 음악을 '좋아하는 아이'가 아니라 음악으로 살아가야 하는 사람으로 한 걸음을 내딛었다.

입학식 날 새벽 다섯 시. 창밖은 아직 어두웠지만 나는 조금도 잠들지 못했다.

긴장과 기대로 가득 찬 채 도착한 강당에는 이미 수많은 학생들이 각자의 악기를 품에 안고 서 있었다. 바이올린, 첼로, 플루트, 그리고 나처럼 비올라를 든 아이들. 저마다 다른 크기와 빛깔을 가진 악기들 사이에서 나는 어쩐지 조금 작아진 기분이었다.

교실에 들어서자 옆자리에 앉은 여학생이 물었다.

"너 무슨 악기 해?"
"비올라."
"나는 바이올린. 어디서 배웠어?"
"평창동에서."
"거기 어느 선생님?"

짧은 대화였지만 그 안에는 보이지 않는 날카로운 긴장감이 감돌았다. 누가 더 좋은 스승에게 배웠는지, 누가 더 어려운 곡을 연주하는지, 누가 더 큰 콩쿠르에서 상을 받았는지. 모든 말이 서로를 재는 눈금 같았다. 나는 그제야 깨달았다. 이곳은 함께 배우는 곳이 아니라, 소리 없는 경쟁이 시작되는 곳이라는 것을.

학교의 하루는 정교하게 맞물려 돌아가는 거대한 시계와도 같았다. 오전 여덟 시 반부터 오후 두 시까지는 일반 교과와 음악 이론, 세 시부터 여섯 시까지는 합주, 그리고 저녁을 먹고 일곱 시부터 아홉 시까지는 개인 레슨이 이어졌다. 종이 울리면 아이들은 약속이라도 한 듯 일제히 각자의 연습실로 흩어졌고, 이내 굳게 닫힌 문틈마다 다른 악기의 숨결이 새어 나왔다. 바이올린의 날 선 고음과 첼로의 깊은 울림, 플루트의 맑은 숨소리. 그 모든 소리가 뒤섞인 복도는 마치 하나의 거대한 악보처럼 느껴졌다.

그 당시에는 학교에 따로 연습실은 있었지만, 외부 연습실은 별로 없었다. 내 연습실은 늘 집이었다. 작은 방 한쪽에 놓인 피아노와 보면대, 책상, 의자 하나가 전부였다.

문을 닫으면 세상의 소음은 멀어지고, 오직 나와 내 악기만이 남았다. 밤이면 이웃에게 방해가 될까 조심스레 활을 움직였고, 그 조용한 공간이 나만의 무대이자 피난처가 되었다.

나는 악보를 펼쳤다. 바흐 무반주 모음곡. 첫 음을 그었지만 마음에 들지 않았다. 음이 미세하게 떨렸고, 내 손끝도 그 떨림을 따라 흔들렸다. 다시, 또다시. 같은 구절을 열 번, 스무 번, 서른 번 반복했다. 문득 시계를 보니 한 시간이 훌쩍 지나 있었다. 아직 첫 페이지조차 넘기지 못했지만, 그 느리고 더딘 시간 속에서 무언가 단단해지는 기분이 들었다. '이렇게 느려도 괜찮을까.' 스스로에게 물었고, 대답 대신 활을 다시 고쳐 잡았다.

학교에서의 마지막 일과는 주로 연습실의 작은 공간에서 흘러갔다. 겨울에는 손이 상상 얼어 핫팩을 쥐어가며 활을 잡았고, 여름에는 땀이 활대에 스며들어 미끄러지기 일쑤였다. 친구들이 운동장에서 떠들며 뛰어노는 소리가 창문 너머로 들려올 때면 마음이 흔들리기도 했다.

“야, 상회야! 나와서 같이 피구하자!”
“나 연습해야 돼!”
“에이, 10분만 하고 가!”
“안 돼!”

나는 창문을 닫았다. 세상의 소리가 차단된 연습실 안에는 메트로놈의 규칙적인 박자와 내 거친 숨소리만이 남았다. 어떤 날은 소리가 유난히 탁하게 나서 하루 종일 마음이 무거웠고, 어떤 날은 단 한 소절이 완벽하게 울려 그 하루가 온통 빛으로 가득 찼다. 그 거대한 감정의 진폭이 바로 내 성장의 리듬이었다.

예술중학교에 입학한 뒤 처음 맞은 실기 시험 날이었다.
아침부터 손끝이 차가웠고, 숨을 들이쉴 때마다 심장이 조금씩 더 빨리 뛰었다.
무대 위 조명은 생각보다 눈부셨고, 그 아래에서 악기를 들고 서 있자 세상이 갑자기 멀게 느껴졌다.
그때 엄마의 얼굴이 떠올랐다.
언덕길마다 스틱차로 오르내리던 겨울, 나보다 먼저 긴장하던 엄마의 모습이 스쳐 갔다.

‘엄마가 얼마나 고생했는데… 이번엔 꼭 잘해야 해.’

그 마음이 올라오자 활을 잡은 손이 미세하게 떨렸다.
음 하나가 미끄러졌고, 나도 모르게 숨이 막혔다.

그렇게 실기 시험이 끝났고, 나는 침울한 기분으로 집에 돌아갔다. 엄마는 내 시험 결과를 기다리고 계셨다.

"상회야, 실기 시험 어떻게 했니?"

나는 잠시 망설이다가 솔직하게 말했다.

"연주 중에 엄마 생각이 났어요…. 그래서 흔들렸어요."

엄마는 잠시 내 눈을 바라보다가, 낮지만 단단한 목소리로 말했다.

"그 마음은 이해하는데, 무대 위에서는 선생님 말을 생각해야지! 감정이 앞서면 음악이 흔들려."

그날 그 말이 내 안에 오래 남았다.

그 이후로 나는 무대 위에서는 오직 음악만 생각하기로 했다.

엄마를 향한 마음은 악보 밖에서, 연습이 끝난 뒤의 감사로 남겨두기로 했다.

그게 음악을 사랑하는 가장 단단한 방법이라는 걸, 그때 처음 배웠다.

그러던 어느 날, 학교 오케스트라의 첫 리허설이 있었다. 나는 비올라 파트 맨 앞자리에 앉았다.

지휘자가 단상에 올라섰다.

"베토벤 교향곡 5번, 운명. 시작합니다."

지휘봉이 허공을 가르자 거대한 소리의 벽이 나를 향해 밀려왔다.

*딴-딴-딴 다아아안—*

그 순간, 온몸에 전율이 흘렀다. 수십 개의 다른 악기들이 하나의 숨결로 엮여 거대한 파도를 만들어내고 있었다. 내 작은 음이 다른 누군가의 음과 얽히고, 그 울림이 증폭되어 하나의 생명체처럼 살아 움직일 때, 나는 처음으로 깨달았다.

'이것이 오케스트라구나.'

리허설이 끝난 뒤, 선생님이 내게 다가와 말했다.

"이상회, 네 소리는 아직 거칠지만 방향은 정확해."

그것은 단순한 칭찬이 아니라, '지금 네가 걷는 이 길이 맞다'는 확신처럼 들렸다.

2학년 때, 나는 처음으로 비올라 독주 무대에 섰다.

무대 뒤에서 심장이 터질 듯이 뛰었다.

'괜찮아, 할 수 있어.' 스스로에게 주문을 외우며 조명이 쏟아지는 무대를 향해 걸어 나갔다. 눈부신 빛 속에서 객석에 앉은 부모님의 얼굴이 보였다.

악기를 어깨에 올리고, 숨을 깊게 들이마신 뒤 천천히 내쉬었다. 그리고 첫 음. 공기가 진동했고, 음악이 흘러나왔다. 중간에 한 번 실수를 했지만 멈추지 않았다. 끝까지 연주를 마쳤다. 곡이 끝나자 잠시 정적이 흘렀고, 이내 박수 소리가 터져 나왔다. 무대 뒤 분장실에서 엄마가 나를 힘껏 안아주었다.

"정말 잘했어."

엄마의 목소리가 가늘게 떨리고 있었다.

"너는 책임감이 참 큰 아이야."

그 한마디에 나는 잘해야 된다는 부담감이 컸다. 그것은 칭찬을 넘어, '너는 이 길을 끝까지 걸어갈 아이'라는 선언처럼 들렸다. 그리고 나는 그 무거운 선언을 기꺼이 받아들였다.

*본분은 무겁지만 명확하다. 내가 왜 여기 있는지,*
*무엇을 해야 하는지 아는 것. 그것이 흔들릴 때마다*
*나를 다시 세운다. 완벽하지 않아도 괜찮다.*
*방향만 정확하다면.*

PART 2

# 열등감이라는 긴 그림자

"부족함이 나를 멈추게 하지 않았다. 그건 오히려 내 연료였다."

# 1.
# 미안함으로 켜던 연습실 불빛

새 학기가 시작되던 봄, 교실 창가로 스며든 햇살에 친구들의 악기는 유난히 반짝였다. 그들이 가진 악기에서 흘러나오는 소리는 내 것보다 훨씬 깊고 맑았다.

"우리 집 악기는 이탈리아에서 온 거야. 아빠가 유학 시절에 사 오셨어."

친구의 무심한 자랑에 마음 한구석이 서늘하게 식었다.

"좋겠다."

나는 겨우 그렇게 대답했지만, 손끝은 이미 내 낡은 케이스를 단단히 움켜쥐고 있었다.

그날 밤, 나는 집 연습실의 불을 켰다. 고요한 방 안에 형광등이 켜지는 '딸깍' 소리. 그 작은 소리가 가라앉았던 내 마음을 다시 일으켰다.
상황이 다르고 가진 것이 다르다면, 나는 시간으로 그 간극을 채우면 된다. 그날부터 매일 밤늦도록 연습에 매달렸다. 복도 저편에서 아버지의 발자국 소리가 들릴 때까지 활을 멈추지 않았다.

나는 엄격한 가정에서의 조용한 아이였다. 표정으로 감정을 잘 드러내지 못했지만, 내 안에는 늘 미안함이라는 무거운 돌덩이가 자리 잡고 있었다. 감당하기 힘든 레슨비, 차마 바꿔 달라고 할 수 없는 악기, 그리고 나 때문에 가족이 포기해야만 했던 수많은 것들. 그 모든 것이 나를 한없이 작게 만들었다.

적어도 실망만큼은 시키지 말자. 오직 그 마음 하나로 활을 들었다.

레슨을 받을 때마다 선생님은 말씀하셨다.

"네 손끝에는 간절함이 묻어 있어. 그게 다른 아이들과는 다른 점이야."

그 말이 이상하게 큰 위로가 되었다. 나는 그 '간절함'이야말로 내 유일한 재능이라고 믿었다. 화려한 기술로는 남들보다 뒤처질지 몰라도, 음악을 향한 마음만큼은 누구에게도 지지 않겠다고 몇 번이고 다짐했다.

방 안의 형광등이 가끔씩 깜빡거릴 때면, 나는 그 희미한 빛 아래에서 손가락 마디를 세어가며 연습을 이어갔다. 손끝이 아려올 땐 엄마가 아침마다 싸주던 도시락을 떠올렸다.

그 안에는 늘 따뜻한 달걀말이와 김이 있었다. 엄마의 손길이 닿은 밥은 언제나 온기가 있었고, 그 온기는 지친 내 하루의 마지막 연료가 되어주었다.

친구들이 연습을 마치고 웃으며 교문을 나설 때, 나는 늘 학교에 마지막까지 남았다.

불 꺼진 복도 끝, 나 홀로 남은 연습실에서 활을 긋는 것은 어느새 익숙한 습관이 되었다. 외로웠지만 더없이 평온한 시간이었다. 가끔은 불도 끄고 연습했다. 세상에 아무도 없고 오직 나와 소리만 존재하는 그 공간에서는, 누구에게도 미안해하지 않아도 괜찮았다.

어느 날, 선생님께서 물으셨다.

“왜 그렇게 늦게까지 혼자 남아 있니?”

나는 잠시 머뭇거리다 대답했다.

“그냥요. 아직 많이 부족한 것 같아서요.”

선생님은 그런 나를 잠시 바라보다 조용히 고개를 끄덕였다.

“부족하다는 건 결코 나쁜 게 아니야. 그걸 아는 사람만이 성장할 수 있단다.”

그 말은 내 인생의 또 다른 악보가 되었다. 그날 이후로 나는 나의 부족함을 더는 부끄러워하지 않았다.

그것은 나의 출발점이었고, 내 음악의 첫 문장이었다. 집으로 돌아가는 밤길, 차가운 공기 속에서도 활을 쥐었던 손끝은 여전히 따뜻했다. 가로등 불빛이 희미하게 흔들렸고, 나는 그 빛을 따라 천천히 걸었다.

머릿속에는 단 하나의 문장이 맴돌았다. '미안합니다.' 대신 '열심히 하겠습니다.' 그것이 그때의 나였다.

돌이켜 보면, 그 미안함은 나를 무겁게 짓눌렀지만 동시에 누구보다 단단하게 만들었다.

세상은 공평하지 않았다. 누군가는 나보다 훨씬 앞에서 출발했고, 더 좋은 환경을 가졌다. 하지만 나는 그 대신, '불이 꺼져도 스스로 다시 켜는 법'을 배웠다. 희미한 연습실 불빛 아래에서 자라난 열등감은 결국 나의 가장 뜨거운 연료가 되었다.

빛은 어둠이 깊어야 더욱 밝게 빛난다는 사실을, 나는 그때 처음 알았다. 그 어둠 속에서 나는 비로소 내 음악의 진짜 색을 찾아가고 있었다.

*열등감은 나를 무너뜨리지 않았다. 오히려 불을 켜게 했다.*
*가진 것이 적을 때, 우리는 시간으로 채울 수 있다.*
*부족함을 느끼는 사람만이 자랄 수 있다.*
*그 미안함이 결국 나를 단단하게 만들었다.*

# 2.
# 꿈이 피어나던 곳

한국예술종합학교 합격자 명단에 내 이름이 있었다.

'이상회.'

모니터 위 선명한 세 글자를 보는 순간, 손끝이 가늘게 떨렸다. 교문 앞 벚나무는 막 꽃망울을 터뜨리고 있었고, 나는 그 모든 것이 믿기지 않았다.

믿기지 않는 표정으로 하늘을 올려다보았다. 합격자 명단에 새겨진 내 이름 석 자. 합격자 명단에 새겨진 이름이 이토록 벅찬 감동을 줄 수 있다는 것을, 나는 그때 처음 알았다. 엄마는 나를 말없이 꼭 안아 주었다.

"고생했다. 이제 너도 진짜 음악가네."

내 인생에 찾아온 첫 축하였다. 하지만 그 말 속에는 '이제는 더 이상 물러설 수 없다'는 보이지 않는 무게가 함께 실려 있었다.

학교에 들어간 첫날, 복도는 활기로 가득했고 공기 속에는 낯선 긴장감이 섞여 있었다. 모두가 누군가의 '천재' 같았다. 해외 콩쿠르 입상

경력을 가진 동기, 이미 프로 오케스트라와 협연을 마친 선배. 나는 그들 사이에서 저절로 말이 적어졌다. 처음 며칠은 그들의 연주를 듣는 것만으로도 숨이 막혔다. 그러나 이상하게도 질투보다 먼저 차오른 감정은 경외였다. '이런 세계가 있구나.' 그 순수한 감탄이 나를 겸손하게 만들었다.

그 무렵 한예종이 막 새로 생겼을 때라, 첫 학기 대학의 연습실은 깔끔했다. 새 피아노에 반짝이는 바닥, 밝은 조명까지… 모든 게 새것이었다. 그 안에는 식지 않는 열기가 있었다. 벽에는 학생들이 남기고 간 낡은 악보 조각과 메모들이 빽빽이 붙어 있었다. '오늘의 음 하나가 내일의 무대가 된다.' 나는 그 문장을 볼 때마다 흐트러진 마음을 다잡았다.

대학의 낮은 고되고 밤은 짧았다. 낮에는 이론 수업을 듣고, 저녁에는 실기 연습을 했으며, 모두가 떠난 밤에는 홀로 남아 연습실 문을 걸어 잠그고 활을 그었다. 창문 밖 도시의 불빛이 내 그림자를 길게 늘어뜨렸다. 그 길고 고요한 그림자 속에서, 나는 조금씩 '나만의 소리'를 찾아가고 있었다.

그 무렵, 나는 인생 첫 아티스트 콘서트 무대에 섰다. 무대 위 조명이 켜지는 순간, 비로소 나 자신을 '음악가'라 불러도 괜찮을 것 같았다. 객석에는 부모님과 몇몇 동문들이 앉아 있었다. 첫 음이 울렸고, 신기하게도 손끝은 더 이상 떨리지 않았다. 연주는 놀라울 만큼 안정적이었다. 무대가 끝나자 관객들이 박수를 보냈고, 나는 그 뜨거운 박수를 온몸으로 받았다. '이제 나는 잘하고 있구나.' 그 믿음이 얼마나 위험한

착각이었는지, 그때는 미처 알지 못했다.

그때부터 나는 변하기 시작했다. 연습보다 공연이 더 즐거워졌고, 소리의 깊이보다 결과가 더 중요해졌다. 칭찬이 늘어날수록 마음 한구석에는 교만이 자라났다. 활은 점점 가벼워졌고, 음의 밀도는 얇아졌다.

교수님은 어느 날 내 연주를 듣고 조용히 고개를 저었다.

“요즘 네 소리, 거칠고 승부욕이 느껴져.”

칭찬처럼 들렸지만, 그 한마디는 나를 송두리째 무너뜨렸다. 그날 밤, 나는 한참 동안 악기를 내려놓지 못했다. 활을 쥔 손이 떨리고 숨이 막혔다. 내가 오직 연주를 ‘잘하려고’만 했다는 사실을 그제야 깨달았다. 선생님의 지적은 내 안의 불안함이 교만이라는 가면을 쓰고 있었다는 것을 꿰뚫어 본 죽비 소리였다. 그때 처음으로 진짜 음악이란 무엇인지 다시 생각했다. ‘잘하는 것’과 ‘진심으로 하는 것’은 전혀 다른 차원의 문제였다. 무대 위 박수 소리는 짧았지만, 내 안의 질문은 길었다. 나는 지금 누구를 위해 연주하고 있는가.

시간이 흘러, 나는 다시 연습실로 돌아왔다. 화려한 공연보다 고독한 연습이 편했고, 사람들보다 악기와 마주 앉는 시간이 더 소중해졌다. 한때의 교만이 나를 무너뜨렸지만, 그 무너짐이 역설적으로 나를 다시 일으켜 세웠다. 나는 조금씩, 내 안의 ‘소리의 이유’를 되찾아가고 있었다.

졸업을 앞둔 어느 날, 선생님이 말씀하셨다.

"상회야, 너는 소리로 사람을 울릴 수 있는 아이야. 그것이 진짜 음악가의 시작이란다."

그 말은 내 안의 잔잔한 강에 깊은 울림을 남겼다. 나는 그제야 알았다. 무대의 조명보다 더 중요한 것은 그 조명 아래 선 연주자의 진심이라는 것을.

돌이켜 보면 대학 시절은 빛나는 자부심과 조용한 불안을 동시에 안겨준 시간이었다. 그곳에서 나는 '열등감의 그늘'에서는 벗어났지만, 대신 '자만의 그림자'를 새로 얻었다. 그러나 그 그림자마저도 내 성장의 소중한 일부였다.

그해 봄의 교문을 떠올릴 때마다, 나는 그때의 나를 생각한다. 손끝에 새겨졌던 떨림, 스스로에게 속았던 얄팍한 자신감, 그리고 다시 겸손으로 돌아온 마음. 그 모든 것이 지금 내 음악의 뿌리가 되었다.

*성공은 때로 가장 위험한 실패다. 박수 소리가 커질수록 진심은 작아진다. '잘하는 것'과 '진심으로 하는 것'은 다르다. 교만이 나를 무너뜨렸지만, 그 무너짐이 나를 다시 세웠다. 무대의 조명보다 중요한 건, 그 조명 아래의 진심이다.*

## 3.

## 첫 숨을 쉰 나의 소리

그러던 어느 날, 나는 일본에서 열리는 국제 콩쿠르에 나가게 되었다. 너무나 간절히 서고 싶었던 무대였다. 선생님께서 낡은 악보와 비올라를 건네주셨다.

"이걸로 나가 봐."

선생님이 건넨 비올라는 낯설었다. 내 것보다 조금 더 크고, 울림은 비교할 수 없이 깊었다. 차가워진 손끝으로 악기를 쥐었다. '괜찮아. 오늘은 그냥 나답게 하자.' 나는 마음속으로 그 말만 되뇌며 조용히 무대 위에 섰다.

조명이 켜지고, 첫 음을 그었다.

낯선 악기의 울림이 내 몸 전체를 통과하는 것이 느껴졌다. 처음에는 조심스러웠지만, 이내 그 소리는 내 호흡과 하나가 되었다. 그때 나는 알았다. 악기는 단순한 도구가 아니라, 함께 숨 쉬는 살아있는 존재라는 것을. 내가 숨을 들이쉬면 악기도 함께 들이쉬고, 내 마음이 떨리면 현도 함께 떨렸다. 그날 나는 처음으로 악기와 진정한 대화를 나누었다.

‘잘해야 한다’는 강박은 어느새 사라지고, 그 빈자리를 오롯한 진심이 채웠다.

눈을 감은 채 마지막 음을 길게 밀어냈다. 그 소리가 공기 속에서 천천히 흩어질 때까지 나는 숨을 참았다. 모든 것이 멈춘 듯한 정적. 그리고 아주 느린 순간이 흐른 뒤, 나는 눈을 떴다. 객석에 앉은 엄마의 눈가가 젖어 있었다.

“이상회(イ・サンフェさん).”

우승자 이름에 내 이름이 불렸을 때, 나는 그 순간을 믿을 수가 없었다. 박수 소리가 폭포수처럼 쏟아졌다. 머릿속은 하얗게 비었지만, 가슴은 이상하리만치 고요했다. 그것은 단순한 기쁨이 아니었다. 오래도록 나를 묶고 있던 무언가가 풀려나는 듯한 완전한 해방감이었다. 나는 그때 처음으로 ‘자유’라는 단어의 의미를 몸으로 이해했다.

일본에서는 우승 기념으로 닷새를 더 머물게 되었다. 대회도 이기고, 여행도 했다.

엄마는 지금도 그때를 이야기하며 웃는다.

“그 시절이 제일 좋았지.”

그 말 속에는 피곤함도, 걱정도 없던 짐깐의 평화가 담겨 있었다.

그다음 해, 나는 핀란드 리사이틀 무대에 섰다. 비행기 창밖으로 북

유럽의 희미한 새벽빛이 번졌다. 옆자리에 앉은 엄마가 조용히 말했다.

"이제 진짜 음악가가 됐구나."

무대에서 첫 음을 그었을 때, 낯선 언어를 사용하는 관객들이 일제히 눈을 감았다. 그 순간, 나는 세상에 통역이 필요 없는 언어가 존재한다는 것을 배웠다. 음악은 국경을 넘어, 언어를 넘어, 사람의 마음으로 직접 흘러 들어갔다. 공연이 끝나고 엄마가 말했다.

"이제야 알겠어. 네가 왜 이 길을 가는지."

나는 아무 말도 할 수 없었다. 이 길은 누가 만들어준 길이 아니라, 내가 한 걸음씩 걸어가며 새겨 넣은 나 자신의 길이었기 때문이다.

그 우승의 순간은 단지 상 하나를 받은 사건이 아니었다. 그것은 내가 처음으로 내 삶을 스스로 증명해 보인 날이었다. 하지만 아이러니하게도, 그날의 자유는 다음 속박의 시작이기도 했다.
무대가 끝나자 사람들은 물었다.

"다음은 언제예요?"
"이번보다 더 큰 무대는 없나요?"

그 질문들이 내 마음을 조용히 짓눌렀다. 자유는 언제나 잠시 머물다 떠났다.

나는 다시 연습실로 돌아왔다. 조명이 꺼진 무대의 여운이 손끝에 아직 남아 떨리고 있었지만, 나는 그 떨림이 사라지기 전에 다시 활을 잡았다. 자유는 멈춰 있는 상태가 아니었다. 그것은 고독한 연습과 실패, 그리고 다시 시작하는 용기 사이를 오가는 나의 또 다른 이름이었다.

***

핀란드에서 엄마와 보냈던 그 겨울이 아직도 선명하게 기억난다. 눈으로 덮인 도시, 차가운 공기 속에서도 이상하리만큼 따뜻했던 시간이었다.

엄마와 나는 작은 카페 창가에 앉아 정어리가 들어간 샌드위치를 나눠 먹었다. 짭조름한 냄새와 버터의 고소한 향이 입안에 퍼졌고, 유리창 밖으로는 하얀 눈이 쉼 없이 내리고 있었다.

그 평온함이, 지금도 가끔 꿈속에서 되살아난다.

며칠 뒤, 우리는 산타클로스 마을로 향했다.

하얀 설원 위에서 진짜 산타클로스가 이끄는 눈썰매를 탔다. 순록이 달릴 때마다 말발굽 아래에서 눈이 부서져 흩날렸고, 얼굴에는 차가운 바람이 부딪혔다.

그 순간, 세상은 고요했고, 오직 웃음소리만 남았다.

엄마는 지금도 그때를 떠올리며 말한다.

"그 시절이 너무 행복했어."

그 목소리엔 눈처럼 맑은 온기가 묻어 있었다.

그 겨울의 눈빛과 웃음이, 아직도 내 마음속 어딘가에서 반짝인다.

*우승은 끝이 아니라 시작이다. 자유는 잠시뿐이고,*
*그 자유를 위해 우리는 다시 속박을 선택한다.*
*음악은 국경을 넘는 언어다. 그리고 모든 빛에는 다음*
*어둠이 기다리고 있다.*
*하지만 그 어둠을 두려워하지 않는 사람만이 다시 빛을*
*만날 수 있다.*

PART 3

# 믿음이 무너지는 소리

"음악은 여전히 아름다웠지만,
세상은 더 이상 그 소리를 들어주지 않았다."

# 1.

# IMF, 비행기를 보내며

1999년의 겨울, 공항은 이상할 만큼 조용했다. 하얀 비행기 한 대가 활주로를 따라 천천히 움직였다. 그 안에는 내 친구들이 타고 있었다. 어제까지만 해도 같은 연습실에서 땀 흘리던 동료들이, 오늘은 '유학 간다'는 말을 남기고 떠나고 있었다.

"잘 다녀와."

나는 웃으며 손을 흔들었다. 하지만 손끝은 차갑게 얼어붙어 있었다. 그 웃음 속에는 부러움과 두려움, 그리고 약간의 체념이 뒤섞여 있었다. 그들은 미래를 향해 날아갔지만, 나는 그 자리에 남겨졌다.

그 시절, 세상은 소리 없이 무너지고 있었다. 뉴스에서는 매일같이 'IMF 관리 체제'라는 낯선 단어가 흘러나왔다. 아버지는 저녁마다 깊은 한숨을 쉬었고 엄마는 조용히 음식을 준비하고 있었다. 집 안의 공기는 무겁게 가라앉았다. 나는 연습을 하면서도 늘 한쪽 귀로 뉴스를 들었다. 그때 처음으로 알았다. 세상의 소리가 때로는 음악 소리보다 훨씬 더 크게 들릴 수도 있다는 것을.

책장 위의 트로피와 상장은 빛을 잃어가는 낡은 별과 같았다. 한때는 환하게 빛나던 그 반짝임은 더 이상 나의 자랑이 아니라 무거운 부담이었다.

"이 상황에서도 계속 음악을 해야 할까?"

나는 스스로에게 끊임없이 물었다. 품에 안은 비올라의 소리가 점점 더 낯설게 느껴졌다.

한때는 내가 좋아하는 연예인만 바라보며 미래가 보이지 않을 때도 있었다. 아버지는 "연예인 좋아하면 악기 그만둬라."라며 무섭게 충고를 하곤 하셨다. 오히려 그 말들이 자극이 되었다. 누군가가 내 열정을 가벼이 여길수록 나는 악기를 더 붙들었다. 연예인을 좋아한다고 꿈을 포기할 이유는 없었다. 그래서 나는 더 오래, 더 열심히 연습했다.

어느 날, 아버지가 조용히 나를 불렀다.

"상회야, 이번 학기 등록금은 전액 장학금으로 처리됐대."

그 한마디가 내 마음속에 켜켜이 쌓여 있던 불안을 단숨에 녹여버렸다. 나는 천천히 고개를 끄덕였지만, 가슴속에는 묘한 감정이 일었다. 안도와 함께, 이 기회를 절대 헛되이 할 수 없다는 책임감이 고요히 스며들었다. 누군가의 믿음으로 얻은 장학금이었기에, 그 믿음을 연주로 증명해야 한다는 마음이 생겼다.

엄마는 매일같이 아침을 챙겨줬다.

"밥은 먹어야지. 그래야 연습도 하지."

나는 아침마다 엄마의 정성이 담긴 아침을 먹고 학교로 향했다. 텅 빈 연습실에 앉아 악기를 들었지만, 손끝에 힘이 들어가지 않았다. 현이 울지 않았다. 아무리 활을 그어도 침묵만이 흘렀다. 소리가 나를 배신하자, 나는 활을 내려놓았다. 그리고 악기를 향해 조용히 속삭였다.

"미안합니다."

그날 이후, 나는 연습보다 시간을 더 많이 생각했다. 음악은 나의 '꿈'이 아니라 가족의 '부담'이 되어버린 잔혹한 현실. 하지만 이상하게도 포기할 수는 없었다. 여기서 그만두면 내 존재 자체가 무너져 내릴 것만 같았다. 그래서 나는 버텼다. 연주 대신 악기를 닦았고, 낡은 현을 갈고, 활에 정성껏 송진을 발랐다. 소리를 내지 않는 그 단순한 행위들이 위태로운 나를 지탱해 주었다.

며칠 후, 아버지가 뜻밖의 말을 건넸다.

"상회야, 네가 음악을 하면서 장학금을 받아줘서 고맙다."

나는 내 귀를 의심했다.

"고맙다니요?"

아버지는 담담하게 말을 이었다.

"네가 아니었으면 우리 가족이 이렇게 버티지 못했을 거야. 네 연주 덕분에 이 힘든 집 안에 웃음이 있었으니까."

그 말을 듣는 순간, 내 안을 가득 채웠던 '미안함'이 따뜻한 '감사함'으로 바뀌었다. 그것은 내 인생의 또 다른 전환점이었다. 봄이 오자 나는 다시 무대에 섰다. IMF는 여전히 끝나지 않았고 세상은 팍팍했지만, 그 무대 위의 공기만큼은 수정처럼 맑았다. 나는 그날 처음으로 깨달았다. 음악이 나를 살리고 있다는 것을.

세상이 무너질 때, 음악은 나에게 남은 마지막 언어였다. 누군가는 돈을 잃었지만, 나는 소리를 잃지 않았다. 누군가는 믿음을 접었지만, 나는 내 안의 믿음을 다시 일으켜 세웠다. 그 겨울 공항에서 바라보던 비행기들은 이제 다른 의미로 남았다. 그것은 떠남의 상징이 아니라, '남아서 버티는 사람들의 이야기'였다. 나는 남아서 내 믿음을 다시 증명했다.

*위기는 무엇을 빼앗아가지만, 동시에 무엇이 진짜 중요한지 가르쳐준다. 돈이 사라져도, 무대가 사라져도, 소리만큼은 빼앗기지 않았다. 남아서 버티는 것도 용기다.*
*떠나지 않고 믿음을 다시 세우는 것, 그것이 진짜 승리다.*

## 2.

## 갸우뚱거리던 고개, 그리고 인생의 대반전

학부를 마치고 2년, 드디어 유학길이 열렸다. 남들은 낯선 세계에 대한 두려움을 먼저 말했지만, 내게는 오직 기쁨과 설렘만이 파도처럼 밀려왔다. 그것은 단순히 공부를 하러 떠난다는 사실을 넘어, 지난 시간 나를 짓눌렀던 '현실의 무게'로부터의 해방이었다. 누군가에게는 도망처럼 보였을지 몰라도, 내게는 비로소 나만의 선율을 찾아 떠나는 당당한 독립 선언이었다.

비행기 트랩을 밟는 순간, 억눌러 왔던 감정들이 요동치기 시작했다. 엔진 소리가 높아질수록 심장 박동도 빨라졌다. 요즘은 독일로 많이들 가지만, 그 시절 우리의 이정표는 주로 미국을 향해 있었다. 지인들이 계신 미국으로 향하며 나는 세 곳의 학교에 출사표를 던졌다. 첫 번째 목적지는 볼티모어의 피바디 음악원(Peabody Conservatory)이었다.

그곳엔 전설적인 비올리스트 조셉 드 파스콸레(Joseph de Pasquale) 교수님이 계셨다. 하지만 나는 여전히 "네 손으론 안 돼"라는 과거의 낙인에서 온전히 자유롭지 못했다. 거장에게 직접 지원할 용기가 없어 볼티모어 심포니 수석 리차드 필드(Richard Field) 교수님께 지원서를 냈다. 그것은 겸손이 아니라, 실패가 두려워 미리 한계를 그어버린 낮은 자존감의 뒷모습이었다. 거장의 문을 두드리기엔 내 손이 너무 작고, 내 소리는 여전히 다듬어지지 않았다는 자기검열이 나를 가로막고 있었다.

오디션장에 도착했을 때, 이미 그곳에 먼저 와서 완벽하게 적응해 있는 친구들의 모습이 보였다. 여유로운 그들의 모습은 나의 질투심을 날카롭게 자극했다. 중·고등학교 시절 그랬던 것처럼 아무렇지 않은 척 이겨내려 애썼지만, 나를 진심으로 도와주려던 친구들의 따뜻한 마음조차 맑게 보이지 않을 만큼 내 마음은 뒤틀려 있었다. 그들은 이미 그곳의 공기를 마시며 빛나고 있었고, 나는 여전히 이방인의 경계에서 서성이고 있었다. 지금 생각하면 "참 치열하게만 살아왔고, 참 많이도 외로웠겠구나" 싶어 그때의 나를 가만히 안아주고 싶어진다.

오디션장의 공기는 이상하게 편안하면서도 엄숙하고 무거웠다. 준비한 곡을 한 마디씩 풀어나가던 중, 심사위원석에 앉은 교수님들과 눈이 마주쳤다. 조셉 드 파스콸레(Joseph de Pasquale) 교수님은 연주 내내 고개를 살짝 갸우뚱거리며 나를 응시하고 계셨다. 순간 심장이 덜컥 내려앉았다. '내 소리가 틀린 걸까? 내 해석이 마음에 들지 않으시는 걸까?' 어린 시절, 피아노 앞에서 선생님의 눈치를 살피던 그 위축된 아이가 다시 내 안에서 고개를 들었다. 그 갸우뚱거리는 고갯짓은 내게 사형 선고처럼 느껴졌다. 내가 틀렸다는 증거, 내가 부족하다는 확인 사실 같이 활을 진 손에 힘이 들어갔다.

하지만 연주가 끝나고 마주한 진실은 나의 절망을 비웃기라도 하듯 차란했다. 나의 우상이었던 조셉 드 파스콸레(Joseph de pasquale)

교수님은 나를 가까이 부르시더니 믿기지 않는 제안을 건네셨다.

"자네는 리차드 필드(Richard Field) 교수님한테 지원했지만, 나와도 함께 공부해 보지 않겠나?"

그 한마디는 마치 "너는 재능이 있다"는 위로처럼 내 가슴을 깊게 울렸다. 교수님의 열정적인 추천으로 장학금 받기 힘들다는 피바디에서 생각지도 못한 장학금까지 받게 되었다. 교수님의 갸우뚱거림은 거부가 아니라, 내가 빚어내는 비올라의 선율이 당신이 예상했던 것과는 다른 흥미로운 탐색의 몸짓이었음을 그제야 깨달았다. 한계를 선고받았던 작은 손이 빚어낸 소리가, 거장의 눈에는 전형적이지 않은 독특한 울림으로 비쳤던 것이다. 그날 나는 처음으로 내 콤플렉스가 누군가에게는 예술적 개성이 될 수 있다는 사실을 온몸으로 배웠다.

조셉 드 파스콸레(Joseph de Pasquale) 교수님의 제안이 리처드 필드(Richard Field) 교수님에게 닿았을 때, 이미 모든 결과는 그 문장 안에 쓰여 있었다. 내가 리처드 필드 교수님을 찾아가고, 그분이 나를 제자로 받아들이는 과정은 마치 정해진 악보를 연주하듯 매끄럽게 흘러갔다. 합격이라는 결과는 내게 놀라움보다는, 비올리스트로서 감당해야 할 숙명적인 책임감으로 다가왔다.

합격의 확신을 안고 마주한 미국의 겨울은 참 포근했다. 다른 학교 오디션을 위해 미리 예약해 둔 비행기 티켓 덕분에, 나는 본의 아니게 미국에서 나를 다잡는 힐링의 시간을 가질 수 있었다. 소풍 가기 전 미리 답사하는 설레는 느낌으로 그해 겨울을 만끽했다. 치열했던 질투와 불안은 기분 좋은 결과 속에 자연히 녹아내렸다. 낯선 거리를 걷고, 혼자 카페에 앉아 커피를 마시며 나는 비로소 나 자신과 화해하기 시작했다.

한국으로 돌아와 드디어 손에 쥔 합격통지서는 며칠 동안 나를 붕 뜨게 만들었다. 주변의 축하와 응원 속에 뿌듯함이 차오르고 나서야, 비로소 가족들의 얼굴이 보이기 시작했다. 딸을 타지로 떠나보내는 걱정, 장학금을 받았다 해도 여전히 무거운 경제적 현실들…. 웃고 있어도 웃는 게 아닌 것 같은 그들의 표정이 보였다. 하지만 나는 어려서부터 봐왔던 그 표정들에 익숙해진 탓인지 크게 와 닿지 않았다. 내게는 오직 내 앞길을 비추는 찬란한 빛만이 중요했다.

누군가는 나의 이런 마음을 이기적이라 생각했을지도 모른다. 하지만 만약 내가 주변의 모든 무게에 맞춰 살았다면, 나는 아마 음악이 아닌 자연 속에 숨어 살고 있었을 것이다. 내 안의 음악적 갈증은 그 어떤 마음의 짐보다 뜨거웠다. 나의 비올라는 그 희생과 결단이라는 비옥한 토양 위에서 비로소 첫 음을 낼 수 있었다.

필라델피아 오케스트라의 수석이자 기디스 교수, 세계적인 거장이 내게 건넨 선물은 너무도 소중했다. 나는 남은 오디션들을 미련 없이 포기했다. 이미 내 안의 빛이 어디로 향해야 할지 결정되었기 때문이다. 그날 오디션장을 나서며 나는 처음으로 하늘을 보며 웃었다. 한 문이 닫혔을 때, 운명은 나를 위해 더 크고 찬란한 문을 열어두고 기다리고 있었다. 그것은 내가 평생 찾아 헤맨 '진짜 나'로 가는 첫 번째 통로이자, 완벽하지 않은 내 손이 만들어낼 수 있는 가장 아름다운 기적이었다. 그 수평선 너머에서 기다리고 있을 새로운 울림을 향해, 나는 비로소 첫발을 내디뎠다.

# 3.
# 냉장고와 쥐구멍 사이

그렇게 버텨낸 시간 끝에, 드디어 나는 운 좋게도 장학금을 받고 메릴랜드 피바디 음대(Peabody Conservatory)로 유학을 갈 수 있었다. 신났던 기분은 잠시였다. 메릴랜드의 겨울은 낯설었다. 한국의 추위와는 다른, 낡은 시간의 냄새가 섞인 바람이 불었다. 처음 학교에 도착했을 때, 내 손에는 낡은 비올라 케이스와 작은 여행가방 하나뿐이었다.

숙소로 가는 택시 안, 운전기사가 물었다.

"Where are you from?"

"Korea."

그 짧은 단어가 내 입을 떠나는 순간, 나는 비로소 완벽한 이방인이 되었다.

기숙사는 공동빌라로 생각보다 낡았다. 벽지는 군데군데 벗겨져 있었고, 냉장고는 밤새 덜컹거렸다. 밤이면 천장 위에서 무언가 부산하게 날리는 소리가 들렸다. 처음엔 바람 소리인 줄 알았지만, 그것이 쥐라는 것을 깨닫는 데는 오래 걸리지 않았다. 쥐의 발자국 소리는 내 위태로운 현실의 비트 같았다. 나는 그때마다 공포 영화를 보듯 이불을 목까지 끌어올리고 눈을 감았다. '괜찮아. 이건 견뎌야 할 과정이야.' 어둠 속에서 나 자신에게 주문을 걸었다.

낮에는 수업을 들었고, 밤에는 아르바이트를 했다. 빵집이었다. 밤엔 손끝에 밴 밀가루 냄새는 송진 가루의 향을 지워버렸다. 피로가 쌓일수록 내 소리는 조금씩 탁해졌다. 연습실에 앉으면 손이 떨렸고, 활이 현위에서 미끄러졌다. 하지만 멈출 수는 없었다. 연습을 멈추면, 나라는 존재가 그대로 사라져 버릴 것만 같았다.

단출한 냉장고의 문을 닫으면, 그 안의 희미한 불빛이 조용히 꺼졌다. 그 순간이 꼭 내 마음 같았다. 뭔가 허전하지만, 완전히 꺼지지는 않은. 그 미약한 불빛 하나가 내가 여전히 이곳에 살아있다는 유일한 증거였다.

어느 날, 연습실 문 앞에서 흐느끼는 학생을 보았다. 그녀는 같은 학교의 첼리스트였다. 나는 조심스럽게 다가가 물었다.

“왜 울어요?”

그녀는 고개를 들어 나를 보며 말했다.

“너무 외로워서요.”

그 한마디가 이상하게 내 마음을 날카롭게 찔렀다.

그날 이후 우리는 약속이라도 한 듯 매일 새벽에 함께 연습했다. 말은 통하지 않았지만, 소리는 통했다. 그녀의 첼로와 내 비올라는 종종 같은 숨을 쉬었고, 우리는 언어라는 벽 너머에서 서로의 고독을 위로했다.

하루는 그녀가 내게 물었다.

"왜 음악을 해요?"

나는 잠시 생각에 잠겼다가 대답했다.

"살기 위해서요."

그 말이 뱉어진 순간, 오히려 내 안에서 더 오래 울렸다. 그때 나는 처음으로 깨달았다. 음악이 나의 '직업'이 아니라 나의 '숨'이라는 것을.

한겨울 새벽, 세상이 온통 눈으로 뒤덮이던 날이었다. 학교 앞 버스 정류장에서 나는 하염없이 서 있었다. 버스는 오지 않았고, 발끝은 얼어붙고 손가락은 감각을 잃어갔다.

문득 비올라 케이스를 열어보니 현 하나가 힘없이 끊어져 있었다. 나는 그 차가운 현을 조용히 손에 쥐었다. 그것은 마치 나의 하루 같았다. 끊어졌지만, 다시 끼워야만 했다. 그래야 다음 소리를 낼 수 있으니까. 그날 밤, 방으로 돌아와 끊어진 현을 갈고 활에 송진을 바르며 나직이 중얼거렸다.

"그래, 음악은 결국 다시 끼우는 거지."

그 순간, 낡은 쥐구멍 사이로 한 줄기 찬 바람이 스며들었다. 나는 웃었다. 그 바람이 이상하게 따뜻하게 느껴졌다.

*고독은 무너뜨리는 것이 아니라 정직하게 만든다.*

*냉장고의 희미한 불빛처럼, 우리는 비어 있어도 완전히 꺼지지 않는다. 음악은 직업이 아니라 숨이다. 끊어진 현을 다시 매는 일, 그것이 바로 삶이다.*

# 4.
# CCTV 아래의 오케스트라, 베이커리의 아침

장학금을 제안받으며 화려하게 시작한 유학 생활이었지만, 현실의 파도는 생각보다 높고 차가웠다. 학교에 다니며 오케스트라 객원 연주나 레슨을 병행했지만, 낯선 타지에서 숨만 쉬어도 나가는 생활비를 감당하기엔 역부족이었다. "돈을 모으려면 쓰지 않으면 된다"라는 말처럼, 나는 매 학기나 방학마다 한국으로 향하는 친구들을 부러운 눈으로 배웅하며 볼티모어에 남았다.

음악만을 전공해 온 이들에게 연주 외의 아르바이트를 찾는다는 것은 낯설다 못해 두려운 일이다. 하지만 당시의 내게는 자존심보다 생존이 먼저였다. 매주 한인 신문을 뒤지며 일자리를 찾던 어느 날, 버지니아에 있는 한국 베이커리에서 면접을 보러 오라는 연락을 받았다. 신기한 것은, 오디션에서 친구들에게 느끼며 감추려 애썼던 그 예민한 자존심이 그곳에선 한 조각도 남아있지 않았다는 사실이었다. 면접을 보는 순간에도 나는 슬프지도, 불행하지도 않았다. 사장님은 나를 좋게 봐주셨고, 나는 바로 다음 날부터 유학생이 아닌 '베이커리 직원'으로의 삶을 시작했다.

갓 구운 빵 냄새로 시작되는 베이커리의 아침은 누구보다 빨랐다. 가게가 다른 지역에 있었기에, 방학 중 기상 시간은 학기 중보다 훨씬 앞

당겨졌다. 빵 판에서 빵을 떼어내고, 식기 후에 하나하나 봉투에 담고, 산더미처럼 쌓인 케이크 상자를 접는 것이 나의 새로운 일과였다. 하루에 접어야 하는 박스만 200개. 한국의 빵집처럼 그때그때 접는 것이 아니라, 전쟁을 준비하듯 미리 여유 있게 쌓아두어야 했다.

사장님은 늘 CCTV로 우리를 지켜보셨다. 손님이 없어 잠시 숨을 돌리려 앉기라도 하면, 어김없이 전화벨이 울렸다. “앉아 있지 말고 박스라도 접어 놔”라는 사장님의 목소리는 오케스트라 지휘자의 사인보다 날카로웠다. 때로는 오후 마감을 하며 비어있는 소액의 정산 금액을 내 주머니를 털어 메우기도 했다. 음악가로서 평생 경험해 보지 못한, 정직하고도 고된 노동의 현장이었다.

이 반복되는 노동은 역설적이게도 나를 단단하게 만들었다. 오케스트라의 수석이 단원들의 숨소리를 조율하듯, 나는 빵집의 공기를 조율하며 보이지 않는 곳에서 헌신하는 법을 배웠다. 악보 위에서는 보지 못했던 세상의 민낯을, 밀가루 반죽의 온기와 눅눅한 박스의 질감을 통해 온몸으로 받아냈다. 그것은 비올라의 낮은 울림이 사람의 목소리를 닮아있다는 깨달음의 연장선이었다.

그래도 감사의 조각들은 곳곳에 숨어 있었다. 일이 끝나고 사장님의 허락을 받아 남은 빵 몇 개를 챙겨갈 때면, 유학생의 허기는 달콤한 한국의 맛으로 채워졌다. 어느 날은 한국 빵이 그리워 가게를 찾아온 친구와 계산대에서 마주치기도 했다. 서로 어색한 웃음을 지으며 인사를 건넸지만, 때로는 마음이 편치 않은 동기들이 들어오면 주방으로 몸을 숨기기도 했다. 그럼에도 소문은 빨랐다. 다음 학기가 시작되면 "상회 그 한국 베이커리에서 일한대."라는 이야기가 친구들 사이를 돌았다. 나에 대한 과한 관심이 고맙기도 했고, 한편으로는 그들의 시선이 참 철없어 보이기도 했다.

몸은 힘들었지만 마음은 오히려 평온했다. 급기야 이 고된 노동이 즐겁다는 생각마저 들 무렵, 부모님과의 통화에서 무심코 "일하는 게 힘들지 않고 즐거워요."라고 말했다. 그때 돌아온 엄마의 한마디는 나의 뼈를 때렸다.

"상회야, 네가 미국에 왜 갔는지 생각해 봐."

그 아르바이트 덕분에 경제적인 숨통은 트였지만, 정작 음악에 전념해야 할 방학 동안의 연습 시간은 턱없이 부족했다는 것을 그제야 깨달았다. 결국 다음 학기부터는 아쉬움을 뒤로하고 베이커리를 그만두었다.

그곳을 떠난 후에도 나는 가끔 그곳을 찾았다. 냉정했지만 정이 많이 든 사장님과 직원들은 내게 미국에서의 아빠 같고 엄마 같고, 또 동생 같았다. 내게 그곳은 단순한 일터가 아니었다. 비록 CCTV가 늘 우리를 지켜보고 있었지만, 그 감시의 눈길마저도 이제는 따뜻한 온기로 기억된다. 그 치열했던 시간이 있었기에 나는 비올라를 잡는 내 손이 얼마나 귀한지, 그리고 평범한 일상의 노동이 얼마나 숭고한지를 배웠다.

무대 위에서 스포트라이트를 받는 화려한 연주자이기 이전에, 나는 새벽을 깨우며 빵 박스를 접던 성실한 생활인이었다. 그 시절 접었던 200개의 박스는 이제 내 음악의 기초를 받치는 200개의 튼튼한 마디가 되었다. 화려한 기교보다 중요한 것은 삶을 대하는 정직한 태도임을, 나는 버지니아의 베이커리 CCTV 아래서 비로소 완성했다.

"모두들 건강히 잘 지내시죠? 저 상회예요. 감사했습니다."

오늘도 그 따뜻했던 빵 냄새를 기억하며 멀리 안부를 전해본다.

# 5.
# 깨진 균형 위에서 다시 잡은 악기, 현실적 홀로서기

베이커리를 그만두고 본업인 음악으로 완전히 돌아온 직후, 나를 가장 먼저 맞이한 것은 뜻밖에도 해방감이 아닌 지독한 외로움이었다. 일과 학업을 정신없이 오가던 삶에서 돌연 정적인 연습실로 유배된 기분이었다. 처음 며칠은 자꾸만 밖으로 나가고 싶어 엉덩이가 들썩거렸다. 이른 아침의 고소한 빵 냄새, 베이커리 동료들과 나누던 투박하지만 따뜻했던 담소들…. 그 활기찬 소음이 그리워 결국 몇 주 동안은 참지 못하고 그곳을 찾아가 그들과 시간을 보내다 오곤 했다.

그러던 어느 날, 텅 빈 연습실에 홀로 앉아 스스로에게 질문을 던졌다.

"나는 왜 이 평온한 학업의 시간 속에서 자꾸만 답답함을 느낄까?"

그 질문 끝에 마주한 진실은 뼈아팠다. 그것은 단순히 사람에 대한 그리움이 아니었다. 학업에 있어서 풀리지 않는 숙제들을 해결하지 않은 채 방치해 둔 것에 대한 불안, 그리고 그 문제를 직시하기 두려워 다른 곳으로 도망치고 싶어 했던 비겁함이었다. 갓 유학 온 사람으로서 현지의 수업 방식과 학교 시스템에 녹아드는 것이 가장 우선이었음에도, 나는 '경제적 걱정'이라는 그럴듯한 핑계 뒤로 숨어 무엇이 본질인지를 놓치고 말았던 것이다.

미루고 미뤘던 과제들은 어느덧 감당하기 힘든 산처럼 쌓여 있었다. 연습과 노동 사이의 저울질에서 균형은 이미 처참하게 깨져 있었고, 그 균형을 다시 잡는 일은 처음부터 다시 시작하는 것보다 훨씬 고통스러웠다.

나는 벌 받는 심정으로 그 시간을 견뎠다. 몸이 아파도, 마음이 거부해도, 당장 활을 내던지고 도망가고 싶을 때마다 나 자신을 연주 의자에 묶어두었다. 빵 박스를 매일 200개씩 접던 그 끈기 어린 손길로 이제는 비올라의 지판을 짚고, 빵 판에서 빵을 떼어내던 그 놀라운 집중력으로 오선지 위의 쉼표 하나까지 파고들었다.

그렇게 한참을 고통스럽게 인내하자, 서서히 삶의 추가 제자리를 찾기 시작했다. 아쉽지만 베이커리의 추억은 기억 한편으로 소중히 밀어두었고, 머릿속은 오직 음악에 관련된 생각들로 가득 채워졌다. 드디어 깨졌던 균형이 다시 잡힌 것이다.

그 변화를 가장 먼저 알아본 것은 주변 사람들이었다. 비올라 교수님들은 더 이상 나를 방황하는 유학생이 아닌, 한 명의 연주자로 주시하기 시작했다. 실력이 안정 궤도에 오르자 오케스트라에서는 수석의 자리에 올랐고, 여러 나라에서 온 친구들과 호흡을 맞추며 앙상블을 이어갔다. 비행기 트랩을 밟으며 다짐했던 그 '나만의 선율'이 비로소 볼티모어의 공기 속에 선명하게 울려 퍼지고 있었다.

이제야 나는 말할 수 있다. 인생이라는 오케스트라에서 가장 중요한 것은 기교가 아니라, 무너졌을 때 다시 제자리로 돌아올 수 있는 회복의 균형이라는 것을 말이다. 그 균형은 단순히 시간을 배분하는 기술이 아니었다. 그것은 내가 누구인지, 내가 어디에 서 있어야 하는지를 끊임없이 확인하는 치열한 자기 조율의 과정이었다.

베이커리의 소란함 속에서 내가 배운 것은 빵을 담는 법이 아니라, 가장 낮은 곳에서 소리 없이 타인을 지원하는 법이었고, 그것은 비올라라는 악기가 오케스트라 내에서 맡은 숙명과도 닮아 있었다. 화려한 독주자의 조명을 탐내기보다 오케스트라의 허리를 단단하게 받치는 수석의 자리에 앉았을 때, 나는 비로소 완벽하지 않은 나 자신을 용서할 수 있었다.

완벽한 음을 내야 한다는 강박이 사라진 자리에, 타인의 소리를 듣고 내 소리를 그 위에 포개어 놓는 여유가 깃들었다. 볼티모어의 차가운 연습실 벽면에는 이제 베이커리 사장님의 CCTV 대신, 거울 속에 비친 나 자신의 단단한 눈빛이 머물고 있었다. 미뤄둔 숙제들을 하나씩 해결해 나갈 때마다 내 비올라 소리는 더 이상 떨리지 않았다. 삶의 무게를 실어 보내는 법을 배운 연주자의 활 끝은 무거우면서도 자유로웠다. 깨진 균형 위에서 다시 잡은 활은, 이제 나를 넘어 더 넓은 세상을 향한 빛의 울림으로 나아가고 있었다.

# 6.
# 믿음의 무게

겨울이 지나고 봄이 와도, 내 안의 계절은 좀처럼 바뀌지 않았다. 메릴랜드의 눈은 녹았지만 마음속에는 여전히 단단한 얼음이 남아 있었다. 학교 복도에서는 늘 누군가의 현 소리가 흘러나왔다. 그 모든 소리가 아름다웠지만, 그날따라 유난히 낯설게 들렸다. 나는 내 연주를 들으며 생각했다.

'이게 정말 내가 만든 소리일까?'

소리는 분명 내 손끝에서 나왔지만, 그 안에는 정작 '나'가 없었다. 나는 나를 믿지 못하고 있었다.

하루에도 수십 번 활을 들었다가 내려놓았다. 연습실의 사방 벽이 점점 나를 향해 가까워지는 것 같았다. 마치 그 벽이 나의 한계를 비웃는 듯했다. 손끝은 기계적으로 움직였지만, 소리는 영혼 없이 점점 가벼워졌다. 그것은 '연습'이 아니라 '버티기'였다. 내 음악은 살아있는데, 나는 서서히 무너지고 있었다.

어느 날, 수업이 끝난 후 교수님이 나를 불렀다.

"상회, 요즘 자네 소리가 조금 달라졌어."

나는 심장이 내려앉는 것을 느끼며 물었다.

"나빠졌다는 뜻인가요?"

교수님은 잠시 생각하다가 대답했다.

"나빠진 게 아니라, 불안해졌어."

그 말은 칼처럼 내 가슴을 파고들었다. 나는 애써 웃으며 "네, 알겠습니다."라고 말했지만, 마음 한쪽이 와르르 무너져 내렸다.

그날 이후, 나는 내 소리를 두려워하기 시작했다.

밤마다 불 꺼진 연습실 복도를 걸었다. 피아노실 문틈으로 새어 나오는 누군가의 연습 소리가 들려왔다. 그 소리는 마치 간절한 기도처럼 들렸다. 그 소리를 들으며 나는 자주 걸음을 멈췄다. '나도 저렇게 간절했던 적이 있었는데.' 그 생각이 들면, 이상하게도 눈물이 흘렀다.

그러던 어느 날, 연습 중에 줄이 끊어졌다. 그 순간 나는 모든 게 끝난 것처럼 느껴졌다. 줄이 끊어지며 낸 '딱' 하는 건조한 소리는, 마치 내 안의 마지막 믿음이 깨지는 소리 같았다. 나는 그 자리에서 한동안 움직이지 못했다. 그날 밤, 나는 줄을 끼우려 하지 않았다. 그냥 방 한가운데 미동도 없이 앉아 있었다. 그리고 어둠 속에서 중얼거렸다.

"나는 정말 음악을 사랑하고 있을까."

며칠 뒤, 한 친구가 내게 말했다.

"너 요즘 소리가 달라. 차가워."

나는 텅 빈 미소를 지으며 대답했다.

"그래? 그럼 좀 따뜻하게 만들어야겠네."

겉으로는 웃고 있었지만, 속으로는 이미 알고 있었다. 나는 무너지고 있었다.

친구의 말처럼 내 소리에서 따뜻함이 사라지고, 그 빈자리에는 깊은 피로와 불안만이 자리 잡았다. 그 시절, 나는 하루하루를 '견디는 연습'으로 채웠다. 음악을 향한 열정은 여전히 심장 깊은 곳에 있었지만, 한때 나를 살게 했던 그 불꽃이 이제는 도리어 나를 조금씩 갉아먹고 있었다. '믿음의 무게'란 그런 것이었다. 한때는 나를 굳건히 세워주던 신념이, 어느 순간에는 숨 막히게 나를 짓누르기도 한다.

어느 날, 레슨 중 교수님이 내게 물었다.

"자네는 언제 음악이 가장 좋은가?"

나는 아무 대답도 하지 못했다. 그저 침묵만이 흘렀다. 교수님은 잠시 부드럽게 웃더니 말했다.

"좋았던 시절을 기억해야, 다시 나아갈 수 있어."

그 말이 하루 종일 내 머릿속을 맴돌았다. 좋았던 시절. 그게 대체 언제였을까.

기억을 더듬어보니, 아득한 풍경 하나가 떠올랐다. 백운호수의 봄. 엄마가 활짝 창문을 열며 "공기가 참 맑다."라고 말하던 그 평화로운 아침이었다. 그때의 나는 복잡한 기교나 완벽한 음정 따위는 몰랐다. 그저 숨 쉬는 것만으로 행복했었다. 그 순수했던 기억이 얼어붙었던 내 마음 한구석을 살짝 건드렸다.

그날 밤, 나는 오랜만에 활을 들었다. 손끝의 떨림은 여전했지만, 이번엔 그것이 두려움이 아니라 아련한 그리움이었다. 마침내 내 손끝에서 소리가 다시 살아났다. 완벽하지는 않았다.

하지만 그 서투르고 불완전한 소리가 이상하게 따뜻했다. 돌이켜 보면, 그 시절의 나는 실패한 연주자처럼 보였을지 모른다. 만약 지금의 내가 존재한다면, 그건 온전히 그때의 '불안' 덕분이다. 그 불안이 나를 더 깊은 음악의 세계로 데려갔다. 단단했던 믿음이 무너졌던 바로 그 자리에, 비로소 진짜 믿음이 자라기 시작했다.

*믿음이 무너지는 순간, 우리는 진짜 믿음을 배운다.*
*완벽한 소리보다 불안전하지만 따뜻한 소리가 더 진실하다.*
*좋았던 시절을 기억하는 것, 그것이 다시 나아갈 힘이 된다.*
*무너짐은 끝이 아니라 새로운 시작이다.*

## 7.
## 울림의 조율, 그 위에서 만난 선율들

믿음이라는 진실을 미약하게나마 알아가는 순간 비로소 악보 너머의 것들이 보이기 시작했다. 이전까지의 연습이 무너진 나를 바로 세우기 위해 스스로에게 내리는 처절한 '벌'이었다면, 이제부터의 연습은 비올라라는 악기와 나누는 가장 깊고 친밀한 대화였다.

베이커리에서 매일 수백 개의 빵 박스를 접으며 몸소 익혔던 그 정직하고 고단한 반복의 힘은, 역설적이게도 비올라의 가장 정교한 테크닉을 연마하는 단단한 밑거름이 되어주었다. 화려한 기교 뒤에 숨겨진 성실함의 가치를, 나는 빵 냄새 가득한 새벽 공기 속에서 좀 더 배웠던 것이다.

교수님들의 시선이 달라진 것을 느낀 건 그즈음이었다. 교수님은 레슨 때마다 내 소리 안에 담긴 예전과는 다른 '단단함'과 '깊이'에 주목하셨다. 단순히 오선지 위의 음표를 기계적으로 쫓는 연주가 아니라, 그 음표 뒤에 숨겨진 삶의 무게와 애환을 실어 보낼 줄 알게 되었다고 나를 격려해 주셨다. 거장은 내 기술이 아닌, 내 영혼이 겪어온 시간의 흔적을 알아봐 주신 것이다. 그 결과, 나는 오케스트라의 수석 자리에 앉게 되었다. 무대의 맨 앞줄, 지휘자와 가장 가까운 곳에서 전체의 소리를 이끌어 가고 책임져야 하는 그 자리는, 내가 평생 동경해 온 동시에 내 자존감의 밑바닥을 마주하게 했던 가장 두려운 위치였다.

수석의 자리는 단순히 자신의 실력을 뽐내거나 군림하는 자리가 아니었다. 비올라가 오케스트라의 중심에서 특유의 낮은 울림으로 전체를 감싸안듯, 동료 연주자들의 작은 소리에도 귀를 기울이고 그들의 흩어진 숨결을 하나로 모으는 법을 체득해야 했다. 다양한 국적과 인종을 가진 외국 친구들과 앙상블을 하며, 나는 세상의 그 어떤 언어보다 더 깊고 투명한 소통의 방식을 깨달았다. 우리는 서로의 표현 방식이 달라 대화가 툭툭 끊기기 일쑤였지만, 활이 현을 긋는 찰나의 마찰음과 미세한 진동 속에서 서로가 품은 슬픔의 결과 기쁨의 파동을 고스란히 읽어낼 수 있었다.

함께 호흡을 맞추며 현악 4중주(Quartet)를 연주하던 어느 깊은 밤, 나는 문득 깨달았다. 내가 평생 그토록 갈구하며 스스로를 괴롭혔던 '완벽한 음'보다 훨씬 더 소중한 가치는, 서로 전혀 다른 삶의 궤적을 그리며 살아온 이들이 하나의 아름다운 화음을 만들어내기 위해 기꺼이 자신의 소리를 낮추고 상대의 빈틈을 따뜻하게 채워주는 '조화'와 '배려'라는 사실을 말이다. 악기 한 대가 홀로 튀어 나가는 것보다, 네 대의 악기가 서로의 숨을 나누며 하나의 거대한 울림을 만들어낼 때 비로소 음악은 완성되었다.

차가운 베이커리의 CCTV 아래서 홀로 박스를 접으며 묵묵히 견뎠던 그 외롭고 긴 시간은, 사실 타인의 소리를 더 깊이 이해하고 공감하기 위한 영혼의 침묵 훈련이었음을 이제는 안다. 비로소 균형이 잡힌 내 삶의 오선지 위로, 이제는 질투나 조급함, 열등감이라는 긴 그림자가 아닌 '함께함'과 '연대'라는 따스한 선율이 흐르기 시작했다.

피라미드처럼 높은 꼭대기를 향해 타인을 밀어내며 치열하게 오르려 했던 예전의 나는 더 이상 그곳에 존재하지 않는다. 대신, 빛이 고르게 닿는 수평선 위에서 동료들과 나란히 어깨를 맞대고 서서, 각자에게 주어진 파트를 소중히 연주하는 평온하고 단단한 내가 있었다. 그것은 내가 비올라를 처음 손에 쥐었을 때 꿈꾸었던, 사람의 따뜻한 목소리를 닮은 가장 정직하고 투명한 '빛의 울림' 그 자체였다.

나는 이제 안다. 무대의 가장 높은 곳이 아니라, 타인의 마음과 나란히 서는 곳에 진정한 나의 음악이 머문다는 것을.

그 수평선 위에서 비로소 나의 비올라는 자유롭게 노래하기 시작했다.

# 8.
# 시카고의 겨울

무사히 학교를 졸업하고 시카고 시빅 오케스트라(Civic Orchestra of Chicago)에서 연주 활동을 하던 중 한 공고를 보았다. 그건 바로 시카고 심포니 오케스트라 오디션이 열린다는 소식이었다.

시카고 심포니에서 비올라 오디션이 있다는 소식을 들었을 때, 나는 망설임 없이 신청서를 냈다. 그 오디션장은 내가 다니고 있는 시빅 오케스트라와 같은 장소였다. 그런데 그곳이 이상하리만큼 떨리고 숨이 막혔다. 사람들은 빠르게 걸었고, 모두가 무언가를 향해 맹렬히 달리고 있었다. 그들 사이를 걷는 내 손에는 미국 생활을 나와 늘 함께 했던 비올라와 해지고 구겨진 오디션 서류철이 전부였다. 몇 번이나 펼쳐보고 접었는지 모를 그 서류철의 모서리는 나의 지난 시간을 말해주는 듯했다.

그때의 나는 스스로를 '음악가'라 부르기조차 조심스러웠다. 학교를 마친 뒤 생계를 위해 여러 일을 하다 보니, 어느새 무대보다 현실의 무게가 더 무서워져 있었다. 아르바이트로 번 돈은 방세와 식비로 사라졌고, 연습 시간은 점점 줄어들었다.

그러나 시카고 심포니 오케스트라. 그 이름을 들었을 때, 멈췄던 심장이 다시 뛰었다. 그곳은 어릴 적부터 간직해 온 꿈의 무대였다.

중학교 시절 텔레비전으로 처음 본 시카고 심포니의 연주, 화면 속

비올라 주자들의 모습을 보며 다짐했었다. '나도 언젠가 저기에….' 그리고 지금, 그 무대가 나를 부르고 있었다.

오디션장에 들어서는 순간, 공기가 달랐다. 관객석에서만 봤던 화려한 조명, 미국의 다섯 손가락 안에 드는 오케스트라 홀인 만큼 그 홀의 웅장함에 사로잡혔다. 저 멀리 관객석 중앙에 앉은 다섯 명의 심사위원은 말없이 악보만 바라보고 있었다. 아무것도 읽을 수 없는 그 무표정이 오히려 더 큰 공포로 다가왔다. 대기실에서 나는 쉴 새 없이 손을 주물렀다. 축축하게 땀이 났다. 옆자리의 다른 지원자는 여유롭게 악보를 보고 있었고, 그의 케이스에는 값비싼 이탈리아 브랜드 로고가 선명했다. 나는 내 악기가 담긴 케이스를 그저 꼭 껴안았다.

"Number 47."

내 번호가 불렸다. 나는 자리에서 일어섰다. 다리가 후들거렸다. 천천히 오디션장 문을 열고 들어가 떨리는 목소리로 인사했다.

"Good afternoon."

심사위원 중 한 명이 고개를 끄덕이며 말했다.

"Begin when you're ready."

나는 악기를 어깨에 올리고 활을 들었다. 숨을 깊이 들이마셨다.

‘이건 마지막 기회야. 두려워하지 마.’

첫 음이 울려 퍼지자, 홀 안의 공기가 바뀌었다. 내가 그토록 원하던 소리가 공간을 가득 채웠다. 연습했던 그대로, 선생님이 지적했던 부분까지 완벽했다. 음정도, 박자도 단 하나의 흔들림이 없었다.

그러나 이상했다. 무언가 결정적으로 잘못되고 있었다. 연주는 완벽했지만, 뜨겁지 않았다. 기술은 있었지만, 진심이 담겨 있지 않았다. 마치 잘 녹음된 소리를 그대로 재생하는 기계 같았다. 나는 연주하고 있었지만, 그 소리 안에 ‘나’는 없었다. 몇 소절이 지나자 심사위원 한 명이 고개를 들었다. 그와 눈이 마주친 순간, 머릿속이 하얘졌다.

‘아, 들켰구나. 내가 지금 거짓말을 하고 있다는 걸.’

그 생각과 함께 손끝이 차갑게 얼어붙었다. 활이 미끄러지며 음이 약간 흔들렸다. 그 아주 작은 흔들림이 내 마음을 완전히 무너뜨렸다.

다음 음으로 활을 옮겼지만, 내 안의 선율은 이미 끊어진 뒤였다. 나는 기계처럼, 정해진 순서에 따라 끝까지 연주를 마쳤다. 하지만 내 영혼은 이미 무대 위에서 죽어 있었다.

“Thank you.”

심사위원 중 누군가가 던진 그 한마디가 내가 연주했던 그 어떤 익

장보다도 길게 느껴졌다. 나는 고개를 숙여 인사하고, 소리 없이 오디션장을 빠져나왔다.

건물 밖으로 나오자 11월의 시카고 바람이 칼날처럼 파고들었다. 손이 얼 것처럼 시렸다. 아니, 손보다 마음이 먼저 얼어붙었다. 나는 건물 앞 벤치에 힘없이 주저앉았다. 비올라 케이스를 무릎 위에 올리고 한참을 텅 빈 하늘만 바라보았다. '나는 부족한가, 아니면 세상이 불공평한가.' 그 질문이 머릿속을 떠나지 않았다. 하늘은 더없이 맑았지만, 내 마음은 온통 잿빛이었다.

며칠 후, 이메일 한 통이 도착했다.

"Unfortunately, we regret to inform you that we are unable to offer you a position at this time."

그 짧은 한 줄을 읽는 데 아주 오랜 시간이 걸렸다. 나는 화면을 뚫어지게 바라보았다. 마우스를 쥔 손이 덜덜 떨렸다. 애써 웃어보려 했다. '괜찮아. 다음에 또 기회가 있을 거야.' 하지만 웃음은커녕 어떤 표정도 지어지지 않았다. 그냥… 무너졌다.

그날 밤, 나는 숙소의 불을 끄지 못했다. 책상 위에는 오디션 악보가 펼쳐져 있었다. 수없이 그었던 빨간 펜 자국들. 완벽하게 연주하기 위해 몸부림쳤던 흔적들. 그런데 대체 왜 안 됐을까. 손가락으로 악보를 천천히 쓰다듬었다. 그 옆에는 연습하다 끊어진 활털 한 가닥이 놓여 있었다. 나는 그것을 조용히 손에 쥐었다. 질긴 활털의 감촉이 묘하게 따뜻하게 느껴졌다. '아직 끝난 건 아니야. 아직….' 스스로를 달래는 말이었지만, 그날 밤만큼은 그 말조차 공허하게 흩어졌다.

며칠 뒤, 지인에게서 전화가 왔다.

"상회야, 오늘 저녁에 다니엘 바렌보임 연주 있는데, 같이 갈래? 표가 하나 남았거든."

나는 잠시 망설였다. 지금 다른 사람의 연주를 볼 마음의 여유가 있을까. 하지만 달리 거절할 이유도 없었다.

"…갈게요."

그날 저녁, 나는 심포니 홀 객석에 앉아 있었다. 조명이 어두워지고, 세계적인 피아니스트이자 지휘자인 다니엘 바렌보임(Daniel Barenboim)이 등장했다.

첫 음이 울리는 순간, 나는 숨이 멎는 것 같았다. 그의 손끝에서 흘러나오는 소리는 마치 시간 그 자체와 같았다. 때로는 흐르는 듯, 때로는 멈춘 듯. 그날따라 나의 예민함 탓인지 그리 완벽하진 않았다. 드물게 어떤 음은 약간 거칠었고, 어떤 박자는 미묘하게 어긋났다. 하지만 그 모든 불완전함 속에 살아 숨 쉬는 진심이 있었다.

'아, 이거구나.'

나는 그때 깨달았다. 내가 시카고의 그 차가운 오디션장에서 잃어버린 것이 무엇이었는지를. 나는 완벽함을 추구하다가 나 자신을 잃어버렸다. 기술에만 집중하다가, 음악의 심장을 잃어버렸다.

연주가 끝나자 모든 관객이 자리에서 일어나 박수를 쳤다. 나도 함께 일어섰다. 손뼉을 치는데, 뜨거운 눈물이 뺨을 타고 흘러내렸다. 우레와 같은 박수 소리가 마치 나를 향한 따뜻한 위로처럼 느껴졌다.

그날 밤 숙소로 돌아와, 나는 다시 악기를 꺼냈다. 케이스를 열자 익숙한 갈색 나무 악기가 조용히 누워 있었다. 나는 손을 뻗어 악기를 천천히 쓰다듬었다.

"미안해. 네 소리가 아니라 남의 소리를 내려고 했어."

악기를 어깨에 올리고 활을 들었다. 이번엔 모든 것이 달랐다. 완벽하게 연주하려 애쓰지 않았다. 그저 내 마음을 그대로 소리에 실었다.

웅—

소리가 울렸다. 조금은 흔들렸고, 불완전했다. 하지만 따뜻했다. 태어나서 처음으로, 정말 처음으로 '내 소리'가 나는 것 같았다. 나는 그날 밤 새벽이 올 때까지 연주했다. 이기기 위해서가 아니라, 나답게 살기 위해서. 내 비올라의 소리를 다시 믿기 위해서.

*시카고 오디션은 명백한 실패였다. 하지만 그 실패야말로 내 음악의 진짜 시작이었다. 시카고의 겨울은 혹독했지만, 나는 그 혹독한 추위 속에서 배웠다. 성공이란 결과가 아니라, 어떤 순간에도 자기 자신을 잃지 않는 과정이라는 것을. 그날의 깊은 좌절이 꺼져가던 내 안의 불을 다시 지폈다.*

# 9.
# 서늘한 메일함과 완벽을 향한 가시밭길, 그 가혹한 축복

혹독한 가르침을 안겨준 시카고 심포니 오디션에서 돌아와 다시 직장인으로 연주 활동을 하는 시카고 시빅 오케스트라(Civic Orchestra of Chicago)로 돌아왔다. 그곳의 리허설 룸은 단순히 소리를 맞추는 공간이 아니었다. 그곳은 팽팽하게 당겨진 현처럼 언제 끊어질지 모르는 긴장감이 감도는, 연주자로서의 '태도'와 '생존'을 저울질하는 거대한 시험대였다. 그 서늘한 압박감은 무대 위에서 활을 긋는 순간에만 머무르지 않았다. 리허설을 마치고 퇴근해 차가운 시카고의 밤공기를 뚫고 집에 돌아와서도, 노트북 너머 도착해 있는 한 통의 메일로 그 긴장은 서슬 퍼렇게 연장되곤 했다.

나는 늘 소심하고 조심스러운 성격이었기에 스스로를 한계까지 몰아붙여 다행히 화살을 피할 수 있었지만, 곁에서 지켜본 동료들의 에피소드는 가히 충격적이었다. 지휘자가 강조하는 음악적 해석이나 주의 사항을 악보에 즉시 기록하지 않았다는 이유만으로도, 그날 저녁 어김없이 경고의 메시지가 날아들었다. "오늘 ○○○ 씨, 어디 많이 아팠나요? 약 챙겨 먹고 다음 연습 시간에는 그런 태도를 삼가 주세요." 병색을 묻는 듯한 완곡한 어법 뒤에 숨겨진 그 날카로운 경고는 연주자의 자존감을 사정없이 베어냈다.

지휘자의 지시를 즉각적으로 받아 적지 못한 또 다른 동료는 공식적인 경고 조치를 받기까지 했다. 그곳은 실력의 우열을 가리기에 앞서, 한 명의 연주자가 지휘자의 세계관에 얼마나 일사불란하게 복종하고 몰입하는지를 감시하고 통제하는 엄격한 규율의 현장이었다. 연습실의 공기는 언제나 영하의 온도처럼 차가웠고, 연주자들은 악보라는 지도 위에서 단 한 치의 오차도 허용하지 않는 지휘자의 명령을 수행하는 병사와도 같았다.

음악적인 요구 사항 역시 단 한 마디의 타협도 허용되지 않았다. 지휘자가 원하는 완벽한 울림과 색채를 구현해 내지 못하는 연주자는 곧바로 '특별 훈련'의 대상으로 분류되었다. 그들은 시카고 심포니의 각 파트 수석들에게 배정되어, 지적된 문제가 완전히 해결되어 소리에 확신이 실릴 때까지 자비 없는 코칭과 압박을 견뎌내야 했다. 피바디 음악원 시절 마주했던 치열한 경쟁이 오히려 낭만적으로 느껴질 만큼, 이곳에서의 생활은 몇 배는 더 강도가 높은 음악적 야생 그 자체였다. 거장들의 손길은 따뜻한 격려가 아니라, 날카로운 메스처럼 우리의 연주를 해체하고 다시 조립했다.

하지만 이 숨 막히는 긴장감과 지독했던 감시의 눈길은 역설적이게도 훗날 한국 오케스트라 무대에 선 나를 지탱하는 가장 단단한 골조가 되어주었다. 지휘자의 미세한 손끝 하나, 옆 단원의 미묘한 숨소리 하나도 놓치지 않으려고 온 신경을 곤두세웠던 그 시절의 예민함은, 이제 한국 무대 위에서 전체의 흐름을 조율하고 동료들의 선율을 따뜻하게 감싸 안는 '수평적 조화'의 밑거름이 되었다. 타인의 실수를 비난하기보다 그가 내는 소리의 결을 먼저 살피는 여유, 그리고 지휘자의 의도를 넘어 음악 본연의 아름다움을 찾아가는 통찰력은 시카고의 그 혹독한 훈련을 통과하며 얻은 값진 전리품이었다.

시카고의 매서운 칼바람과 지독했던 메일의 압박을 견뎌냈기에, 나는 비로소 어떤 거친 폭풍우 속에서도 흔들리지 않는 연주자로서의 뿌리를 내릴 수 있었다. 완벽을 향한 그 잔인했던 훈련은 끝내 나를 무너뜨리는 형벌이 아니라, 내가 빚어내는 비올라의 울림을 누구보다 단단하게 보호해 주는 갑옷이 되어준 것이다. 그 전쟁 같은 시간을 통과하고 나서야, 나는 비로소 진정한 '빛의 울림'을 향한 첫 활시위를 당길 준비를 마칠 수 있었다. 나를 옥죄던 규율의 사슬은 이제 무대 위에서 가장 자유롭게 노래할 수 있는 해방의 날개가 되어 나를 더 넓은 음악의 지평으로 안내하고 있었다.

# 10.
# 시카고의 겨울 감자, 그리고 나를 부르는 집으로의 회귀

시카고 시빅 오케스트라(Chicago Civic Orchestra)에서의 삶은 매년 오디션을 통해 계약을 갱신해야 하는, 끝이 보이지 않는 살얼음판 위의 행진이었다. 어느덧 유학과 직장 생활은 몇 년의 시간이 흘렀고, 그곳에서 나는 나도 모르는 사이에 조금씩 말라갔고 나의 의욕은 열정에 가려진 채 조금씩 마모되어 갔다. 살이 빠졌다는 사실조차 인지하지 못할 만큼 나는 오로지 '연주자로서 살아남는 법'에만 모든 감각을 곤두세우고 있었다. 시카고의 매서운 칼바람은 내 외로움을 더 날카롭게 파고들었고, 나는 그 고립된 섬 안에서 홀로 버티는 법을 고독하게 익히고 있었다.

그러던 어느 날, 이 적막한 섬으로 기적 같은 손님들이 찾아왔다. 한국에서 엄마와 이모들, 그리고 외할머니가 내가 사는 좁은 원룸을 방문하신 것이다. 사실 그분들을 맞이하는 내 마음 한구석에는 형언할 수 없는 창피함이 자리 잡고 있었다. 사촌들 중 가장 많은 교육비를 들여 화려하게 유학길에 올랐음에도 불구하고, 고작 싱글 매트리스 하나가 덩그러니 놓인 낡은 원룸에서 지내는 내 초라한 현실을 보여드려야 했기 때문이다. 엄마를 부끄럽게 해드리는 것 같아 죄송한 마음에 문을 열기 전까지 몇 번이고 마른침을 삼켰다.

하지만 나의 우려는 쓸데없는 걱정 이였다. 가족들은 그 좁고 낡은 방 안을 순식간에 가장 따뜻한 천국으로 바꾸어 놓았다. 먼지 섞인 미국식 카펫 바닥에 이불을 깔고 며칠을 주무시면서도, 그들은 그저 함께 있다는 사실 하나만으로 아이처럼 행복해하셨다.

당시 내가 살던 곳은 도심과 가깝긴 했지만 다소 위험한 지역이라 연세가 있으신 할머니와 엄마, 이모들은 내가 일을 나간 사이 집 안에만 머무셔야 했다. 그런데도 외할머니는 신여성다운 특유의 쾌활함으로 지하 세탁실을 오가며 외국인들과 바디랭귀지로 친구가 되셨고, 아파트 경비원과도 눈빛과 서투른 영어로 대화를 나누며 시카고의 일상을 당신만의 색깔로 즐기셨다. 이후 외할머니는 한국으로 돌아오신 후 영어 학원에 다니시기까지 하셨다.

그 당시 고된 연습과 연주를 마치고 돌아와 원룸 문을 열 때면, 그 좁은 공간을 가득 채우던 시카고 감자의 구수한 냄새가 나를 먼저 맞이했다. 오븐에서 갓 꺼낸 뜨거운 감자를 나눠 드시며 나를 반기던 그들의 목소리는, 좁은 방 안에서 공명하며 마치 오육십 명의 대가족이 나를 환영해 주는 듯 벅찬 울림으로 다가왔다. 그 찰나의 순간, 시카고의 겨울은 더 이상 춥지 않았다. 멈춘 음표 사이의 쉼표처럼, 가족들의 온기는 내 지친 영혼을 충전해 주고 있었다.

그 무렵, 한국에서 한 통의 전화가 걸려 왔다. 모 시립교향악단의 지휘자로부터 귀국해서 함께 연주해 보지 않겠냐는 제안이었다. 엄마의 눈에 비친 시카고의 딸은 행복보다는 고단함에 절어 있었다. 거칠어진 피부와 마른 체구, 홀로 외롭게 버티는 딸의 뒷모습을 묵묵히 지켜보던 엄마는 조용히 말씀하셨다.

"상회야, 언젠가 한국에 들어올 거라면, 누군가가 너를 간절히 찾고 있을 때 돌아가는 게 어떻겠니?"

그 한마디는 내 마음속에 남아있던 마지막 미련을 거두어갔다. 나 역시 같은 생각이었다. 화려한 유학의 마침표를 완벽하게 찍는 것보다 중요한 것은, 내 소리를 원하고 나를 사랑해 주는 사람들이 있는 곳으로 돌아가는 것이었다. 누군가는 나의 이런 결정을 이기적이라 생각했을지도 모른다. 가족들의 걱정과 경제적 현실을 뒤로한 채 내가 원하는 길을 달려왔지만, 결국 나를 다시 일으켜 세운 것은 그들의 헌신적인 사랑이었던 것이다.

나는 계약이 끝나는 대로 주저 없이 귀국행 비행기에 올랐다. 짐을 풀 시간도 없이 입국 바로 다음 날, 나는 오케스트라의 객원 부수석 단원으로 투입되어 다시 무대 위에 섰다. 시카고의 좁은 방에서 가족들과 나누었던 감자의 온기, 그리고 나를 불러준 고국의 선율. 그 따뜻한 이끌림이 나를 다시 한국의 무대로 되돌려 놓았다. 한 문이 닫혔을 때, 운명은 나를 위해 더 크고 찬란한 문을 열어두고 기다리고 있었다. 이제 나는 더 이상 높이 오르려 애쓰지 않는다. 주위를 넓히며, 내 소리를 필요로 하는 이들과 함께 호흡하는 진짜 연주자로 살아가고 있다.

한국의 무대는 시카고의 차가운 겨울과는 전혀 다른 열기로 나를 삼싸안았다. 객원 연주자로 시작한 첫 활시위부터 나는 내가 돌아와야 할 곳이 어디였는지 온몸의 감각으로 느끼고 있었다. 낯선 땅에서의 외로운 버팀이 아닌, 나를 알아봐 주는 단원들과 나를 기다려 준 관객들 사이에서 비로소 내 비올라는 가장 편안한 목소리를 내기 시작했다. 이제 나의 연주는 더 이상 나 자신의 완벽함을 증명하기 위한 처절한 투쟁이 아니다. 삶의 거친 굴곡을 지나온 사람들에게 건네는 따뜻한 위로의 언어이자, 우리 모두의 수평선 위에 깃드는 빛의 울림이다.

PART 4

# 음악이 알려준 치유의 선율

"상처는 어느 날 문득, 소리의 형태로 나에게 돌아왔다."

# 1.
# 막막한 어둠의 끝에서 마주한 해방, 한국 시향에서의 첫 소리울림

시카고에서의 폭풍우 같던 시간을 뒤로하고 돌아온 고국의 무대, 한국의 시립교향악단에서의 첫 연주는 낯설고도 즐거운 경험이었다. 귀국 바로 다음 날, 시차 적응도 채 되지 않은 몸으로 뛰어든 객원 연주의 현장은 분명 긴장감이 감돌았지만, 내 안에서는 예상치 못한 평온함이 물결치고 있었다. 시카고 시빅 오케스트라(Civic Orchestra of Chicago)에서 매일 밤 메일함을 확인하며 가슴을 졸여야 했던 그 서슬 퍼런 감시와 압박이, 역설적이게도 나를 그 어떤 풍랑에도 흔들리지 않는 연주자로 개조해 놓았던 것이다. 신기하게도 연주자로서 다른 이들과 호흡을 맞추는 일에 그 어떠한 두려움도 느껴지지 않았다.

리허설이 시작되고 지휘자의 손끝이 움직이는 순간, 나는 내 몸이 기억하는 감각에 소스라치게 놀랐다. 지휘자의 아주 미세한 눈짓 하나, 공기를 가르는 손가락의 각도, 그리고 옆 단원이 활을 긋기 직전 들이마시는 찰나의 숨소리까지…. 시카고에서 생존을 위해 극도로 예민하게 갈고 닦았던 그 모든 촉수들이 한국의 무대 위에서 찬란하게 빛을 발하기 시작했다. 누군가에게는 긴장되는 첫 무대였겠지만, 내게는 마치 거친 폭풍우 속에서 단련된 항해사가 잔잔한 호수로 돌아와 유영하는 듯한 자유로움 그 자체였다. 아마도 고국으로 돌아와 나와 닮은 모습의 사람들과 같은 언어로 소통하며 연주하고 있다는 안도감이 나를 더 자유롭게 만들었을지도 모른다.

그 객원으로서의 첫 연주에서 나는 비로소 '수평선 위의 울림'이 무엇인지 온몸으로 느꼈다. 지휘자의 지시를 틀리지 않기 위해 전전긍긍하던 과거의 위축된 아이는 더 이상 그곳에 없었다. 대신 지휘자의 의도를 입체적으로 파악하고, 비올라 파트 특유의 낮은 울림으로 바이올린의 화려함과 첼로의 깊이 사이에서 오케스트라 전체의 허리를 단단하게 받쳐주고 싶어 하는 성숙한 연주자가 되어 있었다. 동료들의 선율이 내 소리 위로 부드럽게 얹힐 때마다, 시카고의 차가운 연습실에서 홀로 삼켜야 했던 눈물과 혹독한 코칭의 시간들이 비로소 고귀한 음악적 자산으로 승화되고 있음을 깨달았다. 이것이 "진정한 배움의 성장이구나"라는 생각이 가슴을 벅차게 채웠다.

연주가 끝나고 마주한 관객들의 박수 소리는 시카고의 좁은 원룸에서 가족들과 나누어 먹던 그 겨울 감자만큼이나 따뜻했다. 시카고 시향 수석들에게 혹독하게 깨지고 다듬어지며 완성된 나의 테크닉은, 이제 차가운 기술이 아닌 삶의 깊은 농도를 담은 위로의 언어가 되어 공연장을 가득 채웠다. "상회야, 누군가 너를 찾을 때 돌아가는 게 어떻겠니?"라는 엄마의 말처럼, 나는 나를 필요로 하는 무대 위에서 비로소 가장 나다운 빛의 울림을 토해내고 있었다.

그 첫 무대는 단순한 복귀선이 아니었다. 시카고의 시늘한 겨울이 나를 억압하는 사슬이 아니라, 무대 위에서 가장 당당하게 나를 지켜주는 갑옷이었음을 증명하는 승전보였다. 그날 이후, 나는 확신하게 되었다. 내가 통과해 온 그 모든 가혹한 시간은 결국 오늘 이 무대 위에서 단 한 줄의 진실한 선율을 켜기 위한 하늘의 치밀한 조율이었음을 말이다.

그때의 나는 깨달았다. 음악이란 결국 테크닉의 정교함이 아니라, 그 소리가 지나온 삶의 궤적을 얼마나 정직하게 담아내느냐에 달려 있다는 것을. 시카고의 매서운 바람이 깎아낸 내 영혼의 상처들이, 이제는 한국 무대 위에서 가장 아름다운 공명통이 되어 울려 퍼지고 있었다. 나는 이제 더 이상 혼자가 아니었다. 내 등 뒤에는 나를 지탱해 준 가족의 사랑이, 내 옆에는 나와 같은 꿈을 꾸는 동료들이, 그리고 내 앞에는 내 소리에 귀 기울여주는 관객들이 있었다.

무대의 조명이 꺼지고 악기를 챙겨 내려오는 길, 나는 처음으로 내 비올라를 가만히 어루만졌다. 고생 많았다고, 이제야 우리는 진짜 우리만의 집으로 돌아왔다고 속삭였다. 볼티모어의 좁은 방에서 시작된 그 빛의 울림은, 이제 더 넓은 무대의 대지 위로 퍼져나가며 더 큰 수평선을 그려내고 있었다.

# 2.
# 악보에는 없는 불협화음, 인간관계라는 또 다른 오디션

그 후 나는 정식 오디션을 거치기 위해 다시 무대 위에 섰다. 지휘자의 초청으로 온 길이었지만, 나는 누구보다 떳떳하고 당당하게 단원들의 날카로운 눈으로 심사하는 오디션을 통과했다. 단원들의 찬반 투표라는 엄격한 관문을 거쳐 마침내 정식 단원이 되었을 때, 나는 이제 비올라의 깊은 울림에만 전념하면 될 줄 알았다. 시카고 시빅 오케스트라에서 겪었던 그 혹독한 훈련 덕분에 연주 그 자체는 내게 아무런 문제가 되지 않았기 때문이다. 하지만 정작 나를 기다리고 있었던 것은 악보 위의 정교한 음표보다 훨씬 더 복잡하고 까다로운 '인간관계'라는 이름의 거대한 불협화음이었다.

해외 오케스트라에서의 생활은 명확하고 건조했다. 각자 맡은 역할을 완벽히 수행한 뒤에는 서로의 사생활을 존중하며 각자의 삶으로 돌아가는 담백함이 있었다. 나는 아마도 그런 독립적인 생활 방식에 익숙해져 있었고, 그것이 주는 효율성과 정서적 거리가 편안했던 것 같다. 하지만 한국이라는 좁고 끈끈한 사회, 특히나 빛빛의 폐쇄적인 예술가들의 집단은 달랐다. 나 역시 한국 사람이기에 예의를 갖추고 필요한 도리를 다하며 노력했지만, 보이지 않는 벽은 생각보다 높고 견고했다.

어느 날, 파트 연습 중에 벌어진 일은 내게 지워지지 않는 상처를 남겼다. 여섯 명의 비올라 단원이 한 공간에 모였고, 당시 파트의 흐름을 주도해야 했던 나는 수석대행으로서의 책임을 다하려 했다. 연습이 시작되자 서로가 생각하는 박자가 조금씩 어긋나기 시작했다. 나는 흩어진 소리를 하나로 묶기 위해 발로 박자를 가볍게 치며 "이 템포에 맞춰서 다 함께 시작해 볼까요?"라고 조심스럽게 제안했다. 사실 그날 나는 새로 합류한 이방인으로서 동료들과 조금이라도 가까워지기 위해 따뜻한 커피까지 손수 챙겨가며 즐겁고 화기애애한 분위기를 만들려 애썼던 터였다.

그런데 순간, 연습실의 공기가 서늘하게 얼어붙었다. 한 단원이 나의 행동을 정면으로 문제 삼고 나선 것이다. 발로 박자를 치며 연주를 주도하는 방식이 '건방지다'는 것이 이유였다. 찰나의 순간, 앙상블을 이뤄야 할 연습실의 분위기는 5대 1의 차가운 대치 상황이 되었다. 시카고의 매서운 칼바람과 지휘자의 서슬 퍼런 경고 메일도 견뎌냈던 나였지만, 동료들의 싸늘한 시선 앞에서는 여전히 길을 잃은 소심한 아이가 되어버렸다. 연습이 끝난 후 몇몇 단원들이 따로 전화를 걸어와 나를 위로해 주었지만, 내 마음은 복잡한 슬픔으로 가득 찼다. 위로의 마음은 고마웠으나, 정작 리더로서 다음 연습을 어떻게 이끌어야 할지, 그 깨진 신뢰의 틈을 어떻게 메워야 할지가 막막한 숙제로 남았기 때문이다. 그것 또한 오롯이 리더가 짊어져야 할 고독한 몫이었다.

서러움은 거기서 끝나지 않았다. 나는 정상적인 오디션을 거쳐 떳떳하게 입단했음에도 불구하고, 단원들 사이에서는 여전히 '지휘자의 측근'이라는 꼬리표가 유령처럼 따라다녔다. 따돌림 아닌 따돌림을 겪으며 나는 무대 위에서 속수무책으로 작아졌다. 지금 와서 생각해 보면 그때의 나는 참 순진했다. 현재의 오케스트라 생태계를 보면 지휘자와의 친밀함은 연주자에게 협연이나 객원의 기회를 주는 소중한 자산이며, 리더로서 현명하게 활용해야 할 사회적 능력 중 하나라는 것을 안다.

당시의 나는 고지식한 생각을 가지고 있던 터라 강한 사람에게 붙는 것이 약아 보인다는 생각을 했다. 그래서 높은 위치에 있는 사람들과는 거리를 두고 조심스럽게 지내는 것이 현명하게 사는 방식이라 믿으며 스스로를 고립시켰다. 그럼에도 불구하고 지휘자의 측근이라는 오해까지 받으면서도 가만히 있었으니 얼마나 답답한 처세인가. 지금 이 글을 쓰고 있는 나는 당시의 내가 사회생활이 참 부족했던 사람이라고 회상한다. 인간관계라는 것은 정교한 비브라토보다 더 세밀한 조율이 필요한 영역이었고, 리더의 자리는 실력만으로 지켜지는 것이 아니라 타인의 질투와 오해까지도 묵묵히 품어내야 하는 자리였음을 그때는 미처 몰랐다.

나의 비올라는 오케스트라의 중심을 받치며 낮은 울림을 내고 있었지만, 정작 나의 마음은 그 수평선 위에서 홀로 흔들리고 있었다. 하지만 그 불협화음마저도 결국은 내가 빚어낼 '빛의 울림'을 더 깊고 성숙하게 만들기 위한 가혹한 조율 과정이었음을 이제는 안다. 완벽한 관계를 꿈꾸기보다, 틀어진 관계 속에서도 다시 활을 잡아 화음을 만들어내야 하는 것이 연주자의 숙명임을 말이다. 그 치열한 갈등의 시간들이 켜켜이 쌓여, 이제는 어떤 날카로운 비난 속에서도 내 소리를 잃지 않는 단단한 마음의 현을 갖게 되었다.

# 3.
# 침묵의 현 위에 핀 꽃, 증명이라는 이름의 고귀한 헌신

인간관계에서 밀려오는 피로감과 따돌림의 서늘한 공기가 연습실의 산소마저 앗아가는 것 같을 때, 내가 숨 쉴 수 있는 유일한 비상구는 역설적이게도 나를 가장 고립시켰던 비올라뿐이었다. 5 대 1의 차가운 시선이 화살처럼 꽂히는 리허설 룸에서, 나는 발소리조차 숨기며 유령처럼 오갔다. 입을 열어 오해를 풀고 싶었지만, 이미 결론을 내린 이들의 마음속에 내 목소리가 머물 자리는 없어 보였다. 사람들은 나를 지휘자의 측근이라는 색안경으로 가두고, 조화를 위한 나의 몸짓을 건방진 오만으로 치부했다. 그 지독한 적막 속에서 나는 다짐했다. 입을 닫는 대신, 악보의 가장 깊은 심연으로 침잠하겠노라고. 세상 그 어떤 화려한 변명보다도 명확하고, 반박할 수 없는 단 하나의 언어—'나만의 소리'로 그들을 설득하겠노라고.

말로는 결코 닿을 수 없는 진심이 있다는 것을 그 시절의 고독을 통해 배웠다. 마음의 빗장을 걸어 잠근 이들에게 내가 건네는 따뜻한 커피나 서툰 미소는 그저 위선을 가장한 연기로 비칠 뿐이었다. 비난의 화살이 날카롭게 날아올수록, 나는 오히려 활을 쥔 손에서 힘을 빼는 법을 처절하게 연습했다. 내 안의 억울함과 응어리가 현을 긁어 날카로운 파찰음이 되지 않도록, 시카고의 그 시렸던 겨울 밤 오븐에서 꺼낸 감자의 온기를 떠올리며 소리를 더 낮고 묵직하게 다듬었다. 나의 고통이 소음이 아닌, 누군가의 영혼을 어루만지는 공명이 되기를 기도하며 활을 그었다.

마침내 정기 연주회의 막이 올랐다. 무대 위 쏟아지는 조명은 눈부시게 밝았으나, 내 마음 한구석에는 여전히 연습실의 어두운 그림자가 드리워져 있었다. 하지만 객석의 소음이 썰물처럼 빠져나가고 지휘자의 손끝이 정적을 가르는 순간, 그 지독했던 인간적인 불협화음은 무대 뒤 어둠 속으로 자취를 감췄다. 연주가 시작되자 나는 시카고의 혹독한 야생에서 생존을 위해 갈고 닦았던 그 예민한 촉수들을 다시 세웠다. 나를 외면하던 단원들의 활 움직임, 그들의 거친 숨소리, 그리고 지휘자의 미세한 손끝 떨림까지 하나로 모아 비올라의 중후한 울림 속에 녹여내기 시작했다.

나를 '지휘자의 사람'이라 밀어냈던 이들도, 무대 위에서는 결국 서로의 소리에 생을 의탁해야 하는 운명 공동체였다. 나는 수석으로서 그들의 소리를 질타하거나 권위로 누르려 하지 않았다. 대신 가장 낮고 단단한 소리로 오케스트라의 허리를 받치며, 그들이 마음껏 자신의 선율을 펼칠 수 있는 든든하고 너른 바닥이 되어주었다. 비올라 파트가 일사불란하게 움직이며 오케스트라 전체에 짙은 유채화 같은 색채를 입히기 시작하자, 나를 향했던 날카로운 시선들이 조금씩 경탄과 신뢰의 눈빛으로 전이되는 것을 느꼈다.

연주가 절정에 다다랐을 때, 나는 보았다. 연습실에서 나를 향해 '건방지다'고 일갈했던 단원의 활과 나의 활이, 마치 한 몸이 된 듯 완벽한 각도로 일치되어 허공을 가르는 그 숭고한 찰나를. 언어로는 결코 풀리지 않던 오해와 갈등이, 활과 현이 마찰하며 만들어내는 단 한 줄의 진실한 선율 속에서 눈 녹듯 씻겨 내려가고 있었다. 그것은 인간적인 화해를 넘어선, 음악가로서 서로의 존재를 인정하고 경외하는 침묵의 성찬이었다. 우리가 비록 서로를 미워하고 등 돌릴지라도, 우리가 함께 빚어내는 이 음악만큼은 결코 거짓될 수 없다는 무언의 약속이 무대 위를 장엄하게 흐르고 있었다.

박수 소리가 폭포처럼 쏟아지고 대기실로 돌아오는 복도에서, 나는 비로소 억눌러왔던 숨을 크게 내쉬었다. 몇몇 단원들이 다가와 말없이 내 어깨를 두드리거나, 악기를 정리하는 내 곁에서 짧지만 묵직한 찬사를 건넸다. 그 한마디에는 '지휘자의 측근'이라는 고약한 편견 대신, '우리의 진정한 비올리스트'라는 깊은 신뢰가 담겨 있었다. 그제야 깨달았다. 백 마디의 말보다, 내가 쏟아 부은 단 하나의 정직한 음표가 사람의 마음을 여는 데 훨씬 더 강력한 열쇠였음을 말이다.

인간관계의 기술은 부족하고 투박했을지언정, 나는 음악이라는 제단 앞에서 한 점 부끄럼 없이 정직했다. 억울함과 외로움을 토로하기보다 활 끝에 온 신경을 집중해 빚어낸 그날의 울림은, 세상 그 어떤 변명보다 명쾌하게 나라는 연주자를 증명해 주었다. 삶의 불협화음을 잠재우는 것은 상처받지 않는 강철 같은 마음이 아니라, 상처 입은 채로도 끝내 아름다운 화음을 완성하겠다는 연주자의 처절하고도 거룩한 의지였다.

그 무대를 기점으로 나는 비로소 따돌림의 긴 터널을 빠져나와, 수평선 위에서 단원들과 어깨를 나란히 하고 걷는 법을 진정으로 배우게 되었다. 내가 겪은 고립은 나를 꺾으려는 저주가 아니라, 더 깊고 맑은 공명을 위해 내 악기의 몸통을 비워내는 신성한 과정이었음을 이제는 안다. 비올라의 어둡고 깊은 통 안에서 가장 찬란한 울림이 시작되듯, 나의 가장 외로웠던 시간들도 결국은 가장 완벽한 합주를 위한 예비된 축복이었다.

무대 밖의 차가운 시선들이 비올라의 공명통 안으로 들어와 따뜻한 울림으로 치환되는 기적을 마주하며, 나는 비로소 리더라는 자리의 진성한 무게를 실감했다. 그 자리는 앞에서 깃발을 흔드는 이가 아니라, 가장 깊은 곳에서 단원들의 발소리를 듣고 그들이 넘어지지 않게 소리의 지지대를 놓아주는 사람이라는 것을. 시카고의 그 매서운 채찍질이 결국은 나를 부수기 위함이 아니라, 타인의 아픔과 오해까지도 품어 안을 수 있는 넉넉한 악기로 나를 빚어내기 위함이었음을 연주가 끝난 텅 빈 무대 위에서 깨달았다.

나는 이제 사람들의 시선에 흔들리지 않는다. 오직 내 활이 닿는 현의 진동에 온 마음을 싣는다. 그 진실한 소리가 세상의 모든 편견을 녹여내고, 마침내 서로의 영혼에 닿는 빛의 울림이 될 것을 믿기 때문이다. 나의 비올라는 이제 더 이상 고립의 상징이 아니다. 그것은 세상을 향해 뻗어 나가는 가장 성실한 대화의 통로이자, 깨어진 관계를 다시 잇는 화해의 활이다. 오늘도 나는 무대 위에서 가장 낮은 자세로 활을 긋는다. 그 소리가 누군가의 닫힌 마음을 열고, 차가운 불협화음 속에 따스한 온기를 불어넣기를 기도하며.

# 4.
# 수평선 너머로 흐르는 빛, 다시 시작되는 울림의 순간

그 치열했던 불협화음의 터널을 통과하고 나의 일상은 비로소 잔잔한 호수 같은 평온함을 되찾았다. 예전의 나는 무대 위에서 내가 얼마나 빛나는지를 증명하기 위해 활을 잡았으나, 이제는 내 소리가 누군가의 그늘진 마음에 닿아 한 줄기 빛이 될 수 있기를 기도하며 현 위에 손을 얹는다. 시카고의 혹독한 칼바람과 한국 오케스트라에서의 가슴 시린 오해들조차, 이제는 내 비올라의 공명통을 더 깊고 넉넉하게 만들어준 고마운 조율의 시간이었음을 고백한다.

삶의 모진 풍파는 나를 깎아내고 무너뜨리려 했지만, 역설적이게도 그 상처 입은 틈새로 더 깊은 소리가 스며들었다. 현재의 나는 무대 위 연주자로서뿐만 아니라, 다음 세대의 울림을 빚어내는 교육자로서의 길을 걷고 있다. 연습실에서 마주하는 후배들과 제자들을 볼 때면, 과거 거울 앞에서 자신의 작은 손을 원망하며 눈물짓던 어린 날의 내가 겹쳐 보이곤 한다. 나는 그들에게 단순히 악보를 읽는 법이나 화려한 기교를 가르치지 않는다. 대신, 오케스트라라는 거대한 사회 안에서 자신의 소리를 낮추어 타인의 선율을 빛나게 하는 법, 그리고 타인의 차가운 시선 속에서도 자신의 존엄을 지켜내는 '마음의 조율법'을 먼저 이야기한다.

“상희야, 네 손으로는 안 돼”라고 말했던 세상의 낙인을 이겨낸 나의 투쟁은, 이제 “선생님, 저도 할 수 있을까요?”라고 묻는 아이들에게 건네는 따뜻한 확신이 되었다.

리더의 자리가 군림이 아닌 헌신임을, 박자를 맞추는 발소리가 통제가 아닌 동행의 몸짓임을 나는 나의 삶을 통해 그들에게 증명해 보인다. 내가 겪었던 그 외로웠던 따돌림의 시간은, 이제 상처받은 제자의 어깨를 가만히 다독여줄 수 있는 가장 깊은 공감의 언어가 되었다. 나를 아프게 했던 사람들의 날카로운 시선조차, 이제는 그들이 가진 음악적 불안을 이해하는 거울이 되어 나를 더욱 성숙한 스승으로 이끌어준다.

나의 도전은 여기서 멈추지 않는다. 정형화된 클래식 무대를 넘어, 삶의 애환이 서린 곳이라면 어디든 찾아가 비올라의 낮은 울림을 전하고 싶다. 화려한 드레스와 턱시도가 없어도, 내 악기가 내는 소리가 누군가에게 ‘살아있어 주어 고맙다’는 위로의 전문이 된다면 그것이 바로 내가 평생을 바쳐 찾아 헤맨 진정한 ‘빛의 울림’일 것이다. 무대와 객석의 경계를 허물고, 소외된 이들의 삶 속으로 스며들어 그들의 불협화음까지도 하나의 화음으로 포용하는 연주자. 그것이 내가 꿈꾸는 인생의 다음 악장이다.

오늘도 나는 악기 케이스를 열며 하루를 시작한다. 유학 시절 베이커리에서 빵 박스를 접으며 익힌 정직한 노동의 가치가 내 활 끝에 고스란히 배어 있다. 이 모든 삶의 파편들이 모여 비로소 ‘이상희’라는 하나의 온전한 교향곡을 완성해 가고 있다. 과거의 아픔은 소멸한 것이 아니라 내 음악의 가장 단단한 저음이 되었고, 오늘의 평온은 그 저음 위에서 피어나는 가장 맑은 고음이 되었다.

인생이라는 거대한 무대 위에서 우리는 누구나 자신만의 독주를 꿈꾸지만, 결국 가장 아름다운 순간은 타인과 완벽한 화음을 이루는 찰나에 찾아온다. 나는 이제 그 조화로운 울림 속에서 매일 새롭게 태어난다. 나의 비올라는 오늘도 가장 낮은 곳에서 가장 따뜻하게 노래하려고 애쓰고 있다.

시카고의 겨울 감자처럼 구수하고, 버지니아의 새벽 빵 냄새처럼 포근하게. 수평선 너머로 번지는 노을처럼, 내 삶의 울림이 세상의 모서리를 둥글게 감싸 안으며 멀리멀리 퍼져나가기를 바라본다.

무대 뒤편의 좁고 어두운 통로를 지나 밝은 조명 아래로 나설 때마다, 나는 나를 지켜보던 그 수많은 'CCTV'들을 떠올린다. 감시와 비난의 눈초리였을지도 모를 그 시선들이, 이제는 나를 비추는 스포트라이트가 되어 내 연주를 응원하고 있음을 느낀다. 인간관계의 불협화음 속에서 발버둥 치던 소심한 연주자는 이제 없다. 대신, 그 모든 소음을 음악의 재료로 삼아 더 웅장한 화음을 빚어내는 지휘자 같은 연주자가 그 자리를 대신하고 있다.

나는 이제 확신한다. 내가 살아온 모든 순간, 그 어둠과 빛의 교차로가 결국은 하나의 거대한 빛의 울림을 향한 여정이었음을. 나의 노래는 멈추지 않을 것이며, 나의 비올라는 더욱 깊은 사랑으로 세상을 품어 안을 것이다. 활이 현에 닿는 매 순간, 나는 내가 살아있음을, 그리고 우리가 함께 숨 쉬고 있음을 소리로 증명해 나갈 것이다. 비록 세상이 다시 나를 흔들지라도, 내 안의 뿌리 깊은 울림은 결코 멈추지 않는 빛의 노래가 되어 영원히 흐를 것이다.

시카고의 직장 생활에서 한국에서의 직장 생활은 이런 삶의 흐름으로 자연스레 옮겨진 것 같다.

# 5.
# 그리움은 예고 없이 왔다

언제인지 모르게 연주를 쉬고 있는 나를 본 대학 동창 서현이가 서초동 예술의전당 앞 카페에 앉아 커피를 마시며 물었다. 창밖으로 악기를 멘 사람들이 바쁘게 지나가고 있었다.

"야, 너 진짜 연습 안 해?"

나는 담담하게 대답했다.

"응. 좀 쉬고 싶어."

서현이가 말했다.

"나중에 얼마나 후회하려고 그래."

서현이의 말에 나는 아무 말도 하지 못했다.

물론 후회하겠지. 다시 연습해야 하니까. 하지만 그 감정을 압도하는 거대한 피로와 공허함이 내 안에 있었다. 오디션 탈락 후 한국에 온 지 두 달, 나는 비올라 케이스를 단 한 번도 열지 않았다. 악기 놓는 선반에 밀어 넣어둔 채, 그 존재 자체를 잊으려 애썼다.

난 잠깐의 적막을 깨고 다시 말했다.

"그냥… 쉬고 싶어."

서현이가 웃었지만 나는 따라 웃을 수 없었다.

집에 돌아와 방문을 닫았다. 창가 쪽 벽에 있는 선반 위에 비올라 케이스가 그림자처럼 놓여 있었다. 약간의 먼지가 시간의 무게처럼 쌓여 있었다. 손을 뻗었다가, 이내 멈췄다. 저것을 보면 안 된다. 그 안에는 시카고 심포니의 실패, 메릴랜드의 외로움, 그리고 나를 끝없이 잠식하던 고지식함의 자책이 고스란히 봉인되어 있었다. 나는 다시 악기가 놓여 있는 선반에서 눈을 돌렸다.

부엌으로 가 라면을 끓였다. 무심코 켠 TV에서는 금융위기, 실업률 같은 복잡한 세상사가 흘러나와서 아무 채널이나 돌려 보았다. 시끄러운 예능 프로그램과 드라마, 아이돌의 음악 방송을 지나다 클래식 채널에서 멈췄다.

"…다음 곡은 브람스의 비올라 소나타 1번입니다."

라면을 입으로 가져가던 손이 허공에서 멈췄다.

웅— 우우웅—

TV에서 비올라와 피아노가 보이고 그들의 소리가 흘러나왔다. 피아노 반주와 어우러진 낮고 깊은 소리, 마치 영원의 단짝이 나를 부르는 목소리처럼 아름다운 선율이었다. 나는 젓가락을 내려놓았다. 그 자리에 그대로 앉아, 눈을 감고 숨죽인 채 음악을 들었다. 느린 템포의 2악장이 시작되자, 그 슬픈 선율이 내 가슴을 날카롭게 찔렀다.

'아, 나는 이걸 그리워하고 있었구나.'

뜨거운 눈물이 터져 나왔다. 눈물방울이 식어가는 라면 국물 속으로 툭, 툭 떨어졌다. 웃음이 났다.

라면을 먹다가 클래식 음악을 들으며 우는 서른이 넘은 여자의 모습이 얼마나 우스운가.

하지만 눈물을 멈출 수가 없었다. 곡이 끝날 때까지 나는 오랫동안 울었다.

그날 밤, 잠은 오지 않았다. 새벽 2시, 나는 자리에서 일어나 악기가 놓인 선반 쪽으로 향했다. 천천히 지퍼를 여니 익숙한 송진 냄새가 내 코를 자극했다. 그 냄새는 1년 전, 5년 전, 10년 전의 기억을 한꺼번에 눈앞으로 끌어왔다.

갈색 나무 악기가 내 방 조명 아래 희미하게 빛났다. 먼지를 조심스럽게 닦아내고 활을 들었다. 송진을 바르는 손끝이 미세하게 떨렸다.

'지금 이러는 게 맞을까? 다시 시작하면 또 상처받을 텐데.'

두려움이 일었지만, 멈출 수는 없었다. 활을 현에 대고 숨을 깊게 들이마신 뒤, 천천히 그었다.

*끼익—*

오랜만에 내는 소리는 괴물의 비명처럼 끔찍했다. 손끝은 돌처럼 굳어 있었고 활을 쥐는 법조차 잊은 듯했다. 다시 시도했다.

*웅—*

조금 나아졌다. 세 번째 시도.

*웅— 우우웅—*

드디어 소리다운 소리가 났다. 그 순간, 지난 몇 개월간 내 마음을 꽁꽁 얼어붙게 했던 무언가가 소리 없이 녹아내렸다.

나는 다시 악기를 들었다.

어제보다 소리가 좋았다. 매일 아침 조금씩, 나는 오직 나를 위해 연주했다.

어느 날, 집 앞 탄천을 산책하다 벤치에 앉았다. 반짝이는 물결 위로 따뜻한 바람이 불어왔다. 모든 것은 결국 제자리로 돌아오는구나. 음악도, 마음도, 그리고 나 자신도. 그리움은 예고 없이 찾아왔지만, 바로 그 그리움 덕분에 나는 다시 살아나고 있었다.

*그리움은 예고 없이 온다. 라면을 먹다가,*
*TV채널을 돌리다가, 문득. 하지만 그 그리움이야말로*
*우리가 진짜 사랑했던 것의 증거다. 떠나야 그리움을 안다.*
*그리고 그리움이 있어야 다시 돌아갈 수 있다.*

# 6.
# 태풍의 눈을 지나는 법

중학교 2학년 과학 선생님은 태풍의 구조를 그리며 말했다.

"태풍은 늘 중심이 가장 고요하다는 거 아니?"

시속 200킬로미터의 바람이 휘몰아치는 그 한가운데, '태풍의 눈'이라 불리는 곳만은 바람 한 점 없이 고요하다고. 그때는 그저 신기한 과학 지식일 뿐이었다.

서른이 넘어서야 나는 그 말의 진짜 의미를 깨달았다. 나는 지금, 태풍의 눈 한가운데 서 있었다.

태풍의 눈 속은 고요했다. 비올라를 다시 잡은 지 석 달, 매일 아침의 연습은 습관이 되었지만 이상하게 공허했다. 소리는 나는데 내가 없었고, 활은 움직이는데 마음이 따라오지 않았다. 나는 여전히 길을 잃은 채였다.

"상회야, 학생 한 명 부탁해도 될까?"

아는 선생님이 조심스럽게 물었다. 시카고로 떠나기 전, 연주회에서 내 연주를 본 적이 있었던 것이다.

나는 씁쓸한 커피를 한 모금 넘겼다.

"저 요즘 제대로 연습도 안 하는데요…."

선생님은 멈칫하더니 조심스럽게 말을 이었다.

"괜찮아. 기초만 가르치면 돼. 그리고, 이건 내 생각인데… 가르치면서 다시 배우게 될 수도 있어."

그 말이 이상하게 마음을 흔들었다.
가르치면서 배운다. 과연 그게 가능할까. 나는 결국 고개를 끄덕였다.

"…해볼게요."

첫 수업 날, 손바닥이 축축하게 젖어왔다. 이십 년 가까이 무대에 섰지만 이렇게 긴장한 적은 처음이었다. 초등학교 4학년쯤 되어 보이는 여자아이가 비올라 케이스를 무릎에 올린 채 굳은 표정으로 앉아 있었다.

"지연이는 비올라 배운 지 얼마나 됐어?"
"6개월이요."

벌써 반년이라니. 나는 아이의 소리를 들어보기로 했다. 지연이는 혹여 떨어뜨릴세라 두 손으로 악기를 조심스럽게 꺼냈다. 어깨에 올리는 자세부터 어색했다. 턱 받침대 위치가 맞지 않아 어깨가 한껏 솟아 있었다. 내가 지적하자 아이는 어깨를 내렸지만, 활을 들자마자 다시 원래대로 돌아왔다.

*끼익— 웅— 끼익—*

활은 흔들렸고 음정은 제멋대로였다. 불안정한 소리에 지연이의 얼굴이 새빨갛게 달아올랐다. 그 모습을 보는 순간, 웃음이 터져 나왔다.

"왜, 왜 웃으세요?"

아이가 당황해서 물었다.

"아니, 미안해. 웃은 게 아니라… 너무 나랑 똑같아서. 나도 처음엔 완전 이상한 소리를 냈었거든. 우리 엄마가 '악기 괴롭히지 마'라고 했을 정도야."

지연이가 처음으로 작게 웃었다. 긴장이 조금 풀린 얼굴이었다.

"지연아, 완벽하게 하려고 하지 마."

"네?"

"지금 너 엄청 긴장하고 있잖아. 그래서 소리가 딱딱해. 음악은 틀려도 돼. 완벽하지 않아도 돼. 그냥 네 마음을 소리로 내는 거야."

"근데 틀리면… 안 되잖아요."

"누가 그래?"

지연이는 잠시 머뭇거리다 대답했다.

"…엄마요. 그리고 전 선생님도요."

그 말에 한숨이 나왔다. "틀리면 안 돼. 다시." 열 살의 나에게 피아노 선생님이 했던 말이 떠올랐다.

"지연아, 음악은 시험이 아니야. 너와 악기의 대화지. 자, 다시 해볼까? 이번엔 긴장 풀고, 그냥 편하게."

아이가 다시 활을 들었다. 이번엔 소리가 조금 달랐다. 덜 떨렸고, 조금 더 부드러웠다.

"좋아! 지금 그거야! 느껴졌어?"

지연이가 환하게 웃으며 고개를 끄덕였다.
그 미소를 보는 순간, 내 마음 한편이 따뜻하게 녹아내렸다. 아, 나 이거 하려고 음악 했구나.

수업이 끝나고 빈 교실에 혼자 남았다. 창밖으로 지는 석양이 빌딩 숲 사이로 주황빛을 흩뿌리고 있었다. 지연이에게 했던 말, '완벽하지 않아도 돼.' 그 말이 내내 귓가에 맴돌았다.
과연 나는, 나 자신에게도 그 말을 해줄 수 있을까.

그날 밤, 나는 다시 활을 들었다. 하지만 예전과는 달랐다.

첫 음이 약간 흔들렸지만 멈추지 않았다. 예전 같았으면 다시 시작했을 테지만, 이번에는 그냥 이어갔다. 다음 음, 그리고 그다음 음. 완벽하지 않았지만 그 흐름 속에서 나는 이상한 편안함을 느꼈다.

한 달이 지나자 학생이 다섯으로 늘었다.

어느 날, 고등학교 2학년 수진이가 레슨 중에 갑자기 활을 내려놓고 울음을 터뜨렸다.

"선생님… 저 요즘 너무 힘들어요."

묻지 않아도 알 것 같았다.

아이의 눈물 속에서 나는 나의 과거를 보고 있었다.

"콩쿠르 준비하는데 계속 안 되고, 엄마는 자꾸 잘해야 한다고 하고, 학교 성적도 떨어지고…."

수진이의 목소리가 가늘게 떨렸다.

"저는… 그냥 음악이 좋았는데. 언제부터인가 좋아하는 게 아니라 해야 하는 게 됐어요."

그 말을 듣는 순간, 심장이 철렁했다.

10대의 나, 20대의 내가 그 아이의 얼굴 위로 겹쳐 보였다. 나는 수진이 옆에 가만히 앉았다.

"수진아, 지금 누구를 위해 연주하고 있어?"
"…엄마요."
"그럼 네 마음은?"

아이는 고개를 숙였다.

"모르겠어요. 예전엔 알았는데, 지금은…."

뭐라고 말해줘야 할까. 쉬운 위로나 신부른 격려가 이니라, 내가 건넬 수 있는 유일한 진실을 이야기해야만 했다.

"수진아, 나도 그랬어. 오랫동안 남을 위해 연주했어. 부모님, 선생님, 관객, 심사위원. 그런데 정작 나를 위해 연주한 적은 거의 없었어."
"그럼 어떻게 했어요?"
"…망가졌어. 완전히. 그리고 한국 돌아와서 얼마 동안 악기 안 만졌어."

수진이가 놀란 눈으로 나를 바라보았다.

"그린데 디시 했잖아요?"

나는 희미하게 웃었다.

"응. 그리움 때문에. 음악이 너무 그리워서. 그때 깨달았어. 음악은 의무가 아니라 사랑이라는 걸."

사랑하니까 하는 것이다. 누가 시켜서가 아니라. 나는 수진이의 눈물을 닦아주며 말했다.

"콩쿠르는 네가 하고 싶으면 해. 하기 싫으면 안 해도 돼. 음악은 경쟁이 아니야."

수진이는 다시 악기를 들었다. 이번에 울려 퍼진 소리는 완전히 달랐다. 훨씬 부드럽고 따뜻했다.

그날 저녁, 비가 내렸다. 처음엔 제멋대로 떨어지다가, 이내 하나의 흐름이 되어 사라졌다. 음악도 저렇구나. 완벽하게 떨어지는 빗방울은 없지만, 모든 빗방울이 모여 아름다운 흐름을 만든다.

그날 밤 뉴스에서는 태풍 소식이 들려왔다. 태풍이 한반도를 향해 북상 중이라고 했다. 나는 창밖을 보았다. 아직 바람은 불지 않았다. 고요했다. 하지만 곧 태풍이 올 것이다. 나는 지금 태풍의 눈 속에 있었다. 밖에서는 여전히 바람이 불고 세상은 흔들리지만, 이 중심만큼은 고요했다. 그 고요 속에서 나는 버티는 법을 배우고 있었다. 완벽하지 않아도 괜찮다. 흔들려도 괜찮다. 중요한 건 멈추지 않는 것. 태풍이 지나갈 때까지, 그 중심에서 버티는 것이다.

*태풍의 중심은 고요하다. 세상이 흔들릴 때,*
*우리는 그 중심을 찾아야 한다. 완벽함이 아니라 진심.*
*경쟁이 아니라 사랑. 가르치면서 우리는 다시 배운다.*
*흔들림 속에서 버티는 법을.*

# 7.
# 책임에서 자유로 가는 길

"사람은 자기 본분을 잊지 말아야 한다."

아버지의 이 말씀은 평생 나를 옥죄는 책임의 밧줄이었다. 성적표를 받아올 때도, 콩쿠르에서 떨어졌을 때도, 심지어 밥을 먹다가도 들었다. 나는 늘 '해야만 하는 사람'이었다. 쉬면 안 되고, 흔들리면 안 되고, 언제나 최선을 다해야 하는 아이. 그 말의 무게가 내 삶 전체를 짓눌렀다.

주말 오후, 동네 인근을 산책했다. 따뜻한 햇살과 부드러운 바람 속을 천천히 걸었다. 예전의 나는 늘 누군가를 위해 연주했다. 부모님의 기대, 선생님의 인정, 관객의 박수. 무대에 서면 어김없이 아버지의 목소리가 들렸다.

"네가 해야 할 일을 해라."

그 목소리 때문에 긴장했고, 그 긴장 때문에 실수했고, 그 실수 때문에 나를 자책했다. 하지만 이제는 달랐다. 더는 책임감의 무게에 짓눌리지 않는다. 나는 그저 나를 위해, 내가 사랑하는 음악을 위해 활을 들 뿐이다.

벤치에 앉아 작은 호수를 바라보았다. 물빛이 반짝였고, 오리 한 마리가 그 위를 유유히 헤엄쳤다. 아무도 그 오리에게 빨리 가라고 재촉하지 않았다. 완벽하게 헤엄치라고 소리치지도 않았다. 오리는 그저 자신의 속도로, 자신만의 방식대로 물살을 갈랐다.

'나도 저렇게 살 수 있을까.'

그 순간, 무언가 툭 하고 끊어지는 느낌이었다. 아주 오랫동안 내 어깨를 짓누르던 보이지 않는 무게가 스르르 내려앉았다.

다음 주 레슨 시간, 중학생 지훈이가 물었다.

"선생님, 연습은 매일 해야 해요?"

하기 싫으냐 물으니, 그건 아니지만 숙제처럼 느껴져 안 하면 안 될 것 같다고 했다. 나는 웃었다. 그 마음, 내가 너무도 잘 알았다.

"지훈아, 연습은 책임이 아니야."
"네?"
"연습은 대화야. 악기랑 대화하는 시간이지. 숙제가 아니라."

악기랑 오늘은 어떤 기분인지, 무슨 소리를 내고 싶은지 나누는 것이라고 말해주었다. 매일 하지 않아도 된다고, 하고 싶을 때 하는 억지 없는 연습이 진짜라고 말해주는 순간, 나 역시 깨달았다. 이 말은 나

자신에게 가장 먼저 해주어야 할 이야기라는 것을.

그날 밤, 집에 돌아와 악기를 꺼냈다. 그러나 바로 연주하지 않았다. 악기를 무릎에 올린 채 한참을 바라보았다. 갈색 나무의 결, 손때 묻은 지판, 활 자국이 남은 현. 이 악기와 함께한 시간이 벌써 25년은 족히 넘었다. 손을 뻗어 악기를 천천히 쓰다듬으며, 미친 사람처럼 들릴지 몰라도 진심으로 물었다.

"오늘은 뭐 하고 싶어?"

활을 들었다. 정해진 곡은 없었다. 그저 마음이 이끄는 대로 소리를 냈다. 어떤 음은 길었고, 어떤 음은 짧았다. 박자도 리듬도 없는 소리가 공간을 채웠다. 그것은 악보에 없는 소리였고 결코 완벽하지 않았지만, 이상하리만치 평온했다. 이게 자유구나.

며칠 후, 저녁 식사를 마치고 거실에 앉아 아버지께 여쭈었다. 예전에 늘 하시던 말, 본분을 잊지 말라는 그 말의 진짜 의미가 무엇이었느냐고. 아버지는 TV 소리를 줄이고 잠시 생각에 잠기셨다.

"네가 해야 할 일을 하라는 거지. 근데… 그게 남이 시키는 일이 아니라, 네가 진짜 하고 싶은 일이어야 해."

나는 눈을 크게 떴다. 아버지는 말을 이었다.

“나도 나이 들고 나서 알았어. 본분이란 게 의무가 아니라는 걸. 자기답게 사는 거더라고. 너한테 그 말을 할 때, 사실 나도 잘 몰랐어. 미안하다.”

그 말을 듣는 순간, 목이 메었다. 마침 거실로 나오신 어머니가 말씀하셨다.

“상회야, 이제는 네가 행복했으면 좋겠다. 잘하든 못하든, 상을 받든 못 받든. 그냥 행복했으면.”

나는 고개를 저었다.
‘아니에요. 그 덕분에 여기까지 왔어요. 그리고 이제야 행복이 뭔지 알 것 같아요.’

창밖으로 드물게 빛나는 별 몇 개를 보았다. 본분은 나를 묶는 책임이 아니었다. 나아가야 할 방향이었다. 나를 옥죄는 밧줄이 아니라, 나를 세상과 이어주는 다리였다. 그것을 깨달은 순간, 나는 비로소 자유로워졌다.

이제 나는 연주할 때 누구의 기대도 의식하지 않는다. 오직 나와 내 악기만이 존재한다. 책임에서 벗어나려 애썼던 지난 시간은 결국 나를 자유로 이끌었다. 책임이란 내 삶을 묶는 끈이 아니라, 나를 지탱해 주는 뿌리였다. 자유란 아무것도 하지 않는 게 아니라, 자신의 선택에 책임을 질 수 있는 용기, 그리고 그 선택을 사랑하는 것이었다.

*책임과 자유는 반대말이 아니다. 서로를 완성시키는 단어다.*
*본분이란 남이 시키는 일이 아니라 나답게 사는 것이다.*
*진짜 자유는 모든 걸 내려놓는 게 아니라,*
*내 선택을 사랑할 수 있는 용기다.*

# 8.
# 음악은 치유의 언어

레슨을 마치고 차를 마시던 내게, 건너편에 앉아 같이 차를 마시던 선생님의 말은 예상치 못한 것이었다. 근처 요양병원에서 연주회가 열리는데, 가줄 수 있겠냐는 부탁이었다. 병원 봉사 연주. 단 한 번도 해본 적 없는 일이었다. 수많은 무대가 익숙했지만, 환자들 앞에서 연주한다는 것은 전혀 다른 차원의 문제였다.

망설이는 내게 선생님은 편안한 곡으로 30분 정도면 된다고 격려했다. 나는 결국 그 제안을 받아들였다.

토요일 오후, 요양병원에 도착했다. 건물은 생각보다 밝았고, 1층 로비에는 스무 개 남짓한 의자가 놓인 작은 공연장이 마련되어 있었다. 환자복을 입은 사람들이 하나둘 자리에 앉기 시작했다. 휠체어에 기댄 할머니, 목발을 짚은 중년 남자, 털모자를 쓴 수척한 아이. 모두 저마다의 사연을 가진 얼굴들이었다.

대기실에서 악기를 꺼내는데 손이 떨렸다. 이상했다. 수백 명의 관객 앞에서도 떨지 않았는데, 고작 스무 명 앞에서 이렇게 긴장하다니. 곰곰이 생각해 보니 이유를 알 수 있었다. 이들은 내 연주를 평가할 비평가가 아니었다. 점수를 매기지도 않을 것이다. 그들은 그저, 위로가 필요한 사람들이었다. '잘해야 한다'는 압박이 아니라 '위로해야 한다'는 부담감. 그것이 나를 떨리게 했다.

시간이 되어 무대로 나갔다. 기대와 무표정, 피곤함이 뒤섞인 다양한 표정들이 나를 향했다. 간단한 인사와 함께 힘없지만 따뜻한 박수 소리가 들려왔다. 첫 곡으로 '넬라판타지'를 고했다. 악기를 어깨에 올리고 활을 든 채, 깊은 숨을 들이마셨다.

첫 음이 작은 공간을 채웠다. 비올라의 낮고 따뜻한 소리가 천천히, 조심스럽게 퍼져나갔다.

연주하는 동안 객석의 모습이 눈에 들어왔다. 눈을 감고 듣는 할머니, 목발을 품에 안고 창밖을 바라보는 남자, 엄마 무릎에 머리를 기댄 아이. 그 모습을 보며 깨달았다. 이들에게 필요한 것은 완벽한 연주가 아니었다. 그저 잠시나마 아픔을 잊게 해줄 시간이었다. 나는 더 천천히, 더 부드럽게 연주했다. 음 하나하나에 마음을 실었다.

'오늘 하루가 조금 덜 아프기를, 조금 덜 외롭기를.'

곡이 끝나자 잠시 정적이 흘렀고, 이내 아까보다 조금 더 큰 박수가 터져 나왔다. 30분의 연주가 끝나고 악기를 정리할 때였다. 한 할머니가 지팡이에 의지해 힘겹게 다가와 말을 건넸다.

"연주자님. 오늘… 하루가 덜 아플 것 같아요. 감사합니다."

그 말을 듣는 순간, 가슴이 뭉클해졌다.

"아니에요, 제가 감사하죠."

"오랜만에 아름다운 소리를 들었어요."

할머니는 그 말을 남기고 천천히 돌아서 작아지는 뒷모습으로 사라졌다. 나는 그 자리에 한참을 서 있었다. 눈물이 핑 돌았다. '오늘 하루가 덜 아플 것 같다.' 그 한마디가 지닌 무게를, 나는 그때 처음 알았다. 음악은 더 이상 나를 증명하는 수단이 아니라, 상처받은 이의 곁을 지키는 '치유의 언어'였다.

집으로 돌아오는 길 내내 음악의 의미를 되새겼다. 어릴 땐 '잘해야 하는 것', 청년기엔 '증명해야 하는 것', 유학 시절엔 '성공해야 하는 것'. 내게 음악은 늘 그런 과제였다. 하지만 오늘, 그 할머니 앞에서 음악은 분명한 '위로'였다. 완벽한 음정도, 화려한 기교도 아닌, 그저 진심 하나면 충분한 것이었다. 주황빛 석양에 물드는 도시를 보며 나는 스스로에게 물었다. 나는 이제 누구를 위해 연주하는가. 대답은 명확했다. 아픈 사람, 외로운 사람, 위로가 필요한 사람들을 위해서.

다음 주 레슨 시간, 고등학생 수진이가 물었다.

"선생님, 음악은 결국 뭐에요?"

예전의 나였다면 '예술' 혹은 '표현'이라 답했을 것이다. 하지만 이제 나는 달랐다.

“음악은… 사람의 마음이 소리로 변한 거야.”

“마음이요?”

“응. 그래서 진짜 음악은 기술이 아니라 진심이야. 완벽하게 연주하는 것보다 중요한 건, 네 마음을 솔직하게 담는 거지.”

수진이는 나에게 다시 물었다.

“선생님은 누구를 위해 연주하세요?”

“위로가 필요한 사람들.”

나는 망설임 없이 대답했다. 아이의 눈이 반짝였다.

“저도 그런 연주자가 되고 싶어요.”

나는 웃으며 말했다.

“할 수 있어. 네 안에 진심만 있다면.”

그날 밤의 연주는 기도와 같았다. 집으로 돌아와 다시 활을 잡았을 때, 음악은 더 이상 나를 증명하는 수단이 아니었다. 그것은 세상과, 그리고 보이지 않는 누군가와 연결되는 고요한 통로였다. 활을 천천히 그었다. 완벽하지 않은 소리가 방 안을 채웠다. 어떤 음은 흔들렸고 어떤 음은 거칠었지만 괜찮았다. 그 불완전함 속에 나의 진심이 있었기 때문이다.

창문을 열자 서늘한 밤바람이 스며들었다. 어디선가 누군가 이 소리를 듣고 있을까. 이 서툰 선율이 그에게 아주 조금이라도 위로가 될 수 있을까. 그렇게 믿으며 나는 연주를 계속했다. 음악은 살아있는 모든 마음을 잇는 치유의 언어였다. 말이 필요 없지만, 누구나 알아들을 수 있는 언어. 병원에서 만난 할머니의 얼굴이 떠올랐다.

"오늘… 하루가 덜 아플 것 같아요."

상을 받아서도, 돈을 벌어서도 아니었다. 누군가의 하루를 조금 덜 아프게 만들 수 있다는 그 사실 하나가 나를 진짜 음악가로 만들었고, 앞으로도 계속 연주하게 할 것이었다.

*음악은 완벽함이 아니라 진심이다. 누군가의 하루를 조금 덜 아프게 만드는 것, 그것이 진짜 음악가이자 연주자의 일이다. 우리는 소리로 세상과 연결된다. 말이 필요 없는 언어, 하지만 모든 마음이 알아듣는 언어.*

PART 5

# 수평선을 그리는 사람들

"이제는 누군가를 앞세우지 않고, 나란히 걷는 법을 배웠다."

# 1.
# 핫팩 한 봉지의 온기와 등 뒤로 꽂히는 비수: 스승이라는 고독한 이름의 가시밭길

시립교향악단이라는 울타리에서 생활하던 2006년 초, 나는 비올라를 든 또 다른 생존의 현장인 '레슨실'로 향했다. 시카고의 칼바람이 몸을 에이는 추위였다면, 이곳에서 마주한 인간사의 풍파는 내 영혼의 밑바닥까지 에이는 지독한 서릿발이었다. 유학을 마치고 돌아온 초창기, 이름 석 자 알릴길 없던 나는 무거운 비올라 케이스를 짊어지고 학생들의 집을 일일이 찾아다니는 출장 레슨을 자처하며 길 위에서 청춘을 보냈다.

어떤 날은 약속 시간에 맞춰 도착했음에도 문은 차갑게 닫혀 있었고, 학생은 약속이라도 한 듯 연락조차 되지 않았다. 복도등조차 꺼진 어두운 아파트 복도, 그 차가운 콘크리트 벽에 기대어 한 시간, 두 시간을 하릴없이 떨며 서 있었다. 발끝부터 차오르는 냉기에 손끝이 감각을 잃어갈 때쯤, 나를 더 아프게 했던 것은 나를 바람맞힌 제자에 대한 분노가 아니었다. '내가 가르쳐야 할 이 아이의 마음은 지금 어느 어두운 구석에서 이토록 얼어붙어 있는 걸까' 하는 지독하고도 미련한 연민이었다. 한 시간 레슨비를 받고도 아이의 막힌 소리가 채 풀리지 않으면 두 시간, 세 시간을 훌쩍 넘겨 가르치는 일은 예나 지금이나 나의 고질적인 미련함이다. 그 시간은 단순히 지식을 전달하는 시간이 아니라, 내 생명력을 깎아 아이의 악기 몸통 속으로 억지로 밀어 넣는 처절한 헌신이었다.

형편이 어렵다는 눈물 섞인 호소에 차마 입을 떼지 못해 레슨비가 4년이나 밀려도 묵묵히 기다렸다. 자식의 꿈이 꺾이지 않게 하려 애쓰는 그 부모의 굽은 등을 차마 외면할 수 없었기 때문이다. 하지만 돌아온 것은 감사함이 아닌 비정한 잠적이었다. 졸업장과 동시에 전화번호가 바뀌고 흔적도 없이 사라진 제자. 한참 뒤, 그 학생이 어엿한 연주자로 어느 단체에서 버젓이 활동하고 있다는 소식을 들었을 때, 나는 받지 못한 돈에 대한 서운함보다 내 진심이 그 아이에게는 그저 '언제든 버려도 좋은 값싼 기술'에 불과했다는 사실에 가슴을 쥐어뜯었다.

나를 무너뜨린 것은 제자들뿐만이 아니었다. 때로는 학부형의 날카로운 말 한마디가 비수보다 더 깊게 내 가슴을 후벼팠다. 아이의 미래를 위해 누구보다 엄격하게, 그러나 누구보다 절실하게 가르치던 나에게 한 학부형은 냉소 섞인 말투로 이렇게 말했다. "선생님은 애가 없어서 모르시나 본데요…." 그 말은 나의 교육 철학을 단숨에 부정하고, 음악가로서, 스승으로서 내가 바친 모든 진심을 '자식 없는 사람의 무지함'으로 치부해버리는 가혹한 무시였다.

나는 피를 나눈 자식은 없을지언정, 내 연습실을 거쳐 간 모든 제자를 가슴으로 낳았다. 그들이 첫 활을 켤 때 함께 숨을 참았고, 그들이 입시라는 높은 벽 앞에서 좌절할 때 잠을 설치며 기도했다. 그런데 돌아온 말은 "모르시나 본데"라니. 내가 그 아이의 소리를 잡기 위해 밤

낮으로 고민하고, 자신의 생을 깎아 먹으며 쏟아부었던 그 시간들이 그 한마디에 갈기갈기 찢겨 나갔다. 직접 낳지 않았다고 해서 그 아픔과 간절함을 모른다고 단정 짓는 그 시선 앞에서 나는 할 말을 잃고 무참히 무너져 내렸다.

정말 나를 무너뜨린 것은 그들의 가난이 아니라, 그 가난을 딛고 올라선 뒤에 보여준 비릿한 변심이었다. 입시라는 벼랑 끝에 서서 "제발 살려달라"며 절박하게 찾아온 아이들을 기적처럼 합격시켜 놓으면, 그들은 대학이라는 문턱을 넘어서자마자 마치 사춘기 아이들처럼 돌변했다. 내가 쏟아부었던 그 치열한 지침들을 "선생님은 본인이 원하는 것만 시킨다"는 비수로 바꾸어 내 등 뒤에 사정없이 꽂았다.

억울하고 서러워 불 꺼진 방에서 홀로 밤잠을 설친 적이 한두 번이 아니다. 하지만 나는 이 서글픈 감정들을 뒤로하고 다시 마음을 다잡는다. 그리고 미래의 나, 혹은 나를 이어 교육자의 길을 걸을 제자들에게 간절히 바란다.

우리는 제자를 선택적으로 가르치는 우를 범해서는 안 된다. 잘 닦인 길을 걷는 안정적인 학생만을 골라 편안한 명성을 쌓기보다는, 초심을 잃지 않는 마음으로 누구에게나 평등한 울림을 나누어주어야 한다. 누군가 당신의 삶을 무시하고, 당신의 진심을 비웃을지라도 그늘진 곳에 있던 제자가 비로소 자신의 소리를 찾아 세상으로 널리 펼쳐 나가는 뒷모습을 보는 것이 우리의 소명이다.

비록 그들이 나를 딛고 올라가 나를 잊어버린대도, 학부형의 무지함에 상처받을지라도, 내 안의 뿌리 깊은 울림은 멈추지 않을 것이다. 나는 오늘도 무거운 악기 케이스를 연다. 억울함은 비올라의 깊은 공명 속에 묻어두고, 오직 제자들이 더 넓은 세상으로 뻗어 나가 빛의 울림이 되기를 바라는 그 순수한 초심만을 활 끝에 싣는다. 이것이 내가 택한, 거룩하고도 슬픈 숙명이다.

## 2.
## 부고 봉투에 담긴 마음, 몰랐다는 말 뒤에 숨은 잔인한 무관심

제자와 학부형들로부터 입은 상처의 갈래는 참으로 다양하고도 잔인했다. 그중에서도 내 기억의 가장 깊은 곳에 박혀 생각할 때마다 온몸의 피가 차갑게 식는 사건이 하나 있다. 평소 특별한 문제가 없었던 한 학생이 레슨비를 건네주던 날이었다. 학생이 내민 하얀 봉투 겉면에는 선명하고도 두꺼운 글씨로 '부고(訃告)'라는 두 글자가 적혀 있었다.

편의점에서 그냥 산거라고 했다.

순간 심장이 바닥으로 툭 떨어지는 기분이었다. 사람이 죽었을 때나 쓰는 그 서늘한 봉투에, 시퍼렇게 살아있는 스승에게 줄 돈을 담아 온 것이다. 떨리는 목소리로 이게 무슨 봉투인지 아느냐고 물었을 때, 돌아온 학생의 대답은 나를 더 무참하게 만들었다.

"어, 정말요? 저는 그 봉투가 그런 의미인지 몰랐어요."

'몰랐다'는 그 짧은 한마디가 오히려 비수처럼 가슴에 박혔다. 악기를 배우고 음악을 한다는 것은 소리의 결을 읽고 타인의 감정에 공명하는 법을 배우는 일이다. 그런데 정작 자신을 가르치는 스승에게 건네는 봉투가 어떤 의미인지조차 살피지 않는 그 무심함과 무지함 앞에서 나는 망연자실했다. 그것은 의도된 악의보다 더 잔인한 '무관심'이었다.

'애가 없어서 모른다'는 학부형의 날카로운 말에 베인 상처가 채 아물기도 전이었다. 내가 이 아이의 소리를 잡기 위해 밤잠 설쳐가며 고민하고, 내 생의 에너지를 쏟아부었던 시간들이 겨우 '몰랐다'는 무책임한 말 한마디에 담겨, 죽음의 봉투에 담긴 채 던져졌다. 그 봉투를 손에 쥐고 서 있던 그날, 나는 스승으로서의 자부심은커녕 한 인간으로서의 존엄마저 바닥으로 추락하는 기분을 맛보았다.

그 봉투를 열어 돈을 꺼낼 때, 내 안의 소중한 무언가가 소리 없이 죽어 나가는 것을 느꼈다. 사람들은 "아이니까 그럴 수 있지"라고 쉽게 말할지도 모른다. 하지만 음악가에게, 그리고 스승에게 예의란 곧 그 사람의 소리와 직결되는 문제다. 타인에 대한 최소한의 예의조차 살피지 못하는 무지함이 어떻게 깊은 울림을 만들어낼 수 있단 말인가.

억울하고 서러워 불 꺼진 연습실에서 홀로 악기를 붙잡고 얼마나 울었는지 모른다. 내가 왜 이런 대접을 받으면서까지 이 길을 가고 있는가 하는 근원적인 회의감이 나를 괴롭혔다. 하지만 나는 미래의 나, 그리고 나의 제자들에게 한 번 더 당부하고 싶다. 이런 비정한 무관심이 당신의 영혼을 갈기갈기 찢어놓을지라도, 명성과 세속적인 계산에 휘둘려 세사를 가르치는 일을 선택적으로 하지 말기를 바란다.

부고 봉투에 레슨비를 담아오면서도 '몰랐다'고 천진하게 말하는 그 무지함 앞에서도, 우리만은 초심을 잃지 말아야 한다. 우리가 가르치는 것은 봉투 속에 담긴 지폐의 가치가 아니라, 언젠가 그 무지함을 깨치고 세상으로 나아가 넓게 펼쳐질 제자의 성장이기 때문이다. 비록 그 과정이 연옥처럼 고통스러울지라도, 나는 기꺼이 그 서늘한 봉투의 기억마저 축복으로 바꾸어 내 삶의 교향곡 속에 녹여낼 것이다. 그것이 소심하고 사회생활 부족하다 평가받는 내가, 끝내 음악가로서의 자존심을 지키며 이 길을 묵묵히 걸어가는 유일한 방식이다.

# 3.
# 벼랑 끝에서 만난 선율: 비올라와 단 한 사람의 진심

부고 봉투에 담긴 그 서늘한 무심함과 "선생님은 아이가 없어 모른다"며 나의 존재 가치를 밑바닥까지 끌어내리던 학부형의 날카로운 언사들이, 내 영혼을 갈기갈기 찢어놓던 어느 깊은 밤이었다. 연습실에 홀로 앉아 거울 속의 나를 바라보았다. 그곳에는 화려한 조명을 받는 시향의 수석 연주자도, 수많은 제사를 서느린 엄격한 스승도 없었다. 그저 사람에게 베이고, 진심을 난도질당해 활을 쥘 한 줌의 힘조차 잃어버린, 한없이 초라하고 고독한 한 인간이 떨고 있을 뿐이었다.

"내가 왜 이 길을 가고 있는 걸까? 무엇을 위해 이토록 미련하게 내 생명을 깎아 진심을 쏟아부었나?"

질문은 대답 없는 메아리가 되어 텅 빈 방 안을 유령처럼 떠돌았다. 숨소리조차 죄악처럼 느껴지는 그 무거운 적막 속에서, 나는 내 곁을 묵묵히 지켜온 비올라를 가만히 어루만졌다. 비올라는 말이 없었지만, 그 나무 몸통의 깊고 묵직한 질감은 손바닥을 통해 수만 가지 위로를 건네왔다. 시카고의 살을 에는 칼바람 속에서도, 버지니아의 빵 굽는 냄새가 진동하던 새벽의 고독 속에서도 나를 떠나지 않았던 유일한 혈육이자 동지. 내가 억울함에 온몸을 떨 때, 비올라는 내 가슴팍에 깊숙이 기대어 낮은 공명을 토해내며 나를 진정시켰다.

“세상이 너를 오해하고 제자가 너를 배신해도, 나는 네 손끝이 닿는 대로, 네가 아픈 만큼 가장 정직하고 처절한 소리를 내어줄게.”

비올라가 내어주는 그 무언의 울림은 세상 그 어떤 화려한 수사나 값싼 위로보다 뜨거웠다. 나는 떨리는 손으로 활을 그었다. 그날 밤, 비올라는 나의 비명과 울음소리를 대신 내어주었고, 우리는 그렇게 서로를 부둥켜안고 밤을 지새우며 고립된 영혼을 간신히 지탱했다.

그러던 어느 날, 한 제자가 조심스럽게 연습실 문을 두드렸다. 평소 말수가 적고 그저 묵묵히 연습에만 매진하던, 그래서 어쩌면 내가 그 마음을 다 헤아리지 못했을지도 모를 학생이었다. 그 아이는 레슨이 끝난 뒤, 평소와 달리 한참을 머뭇거리더니 가방 깊숙한 곳에서 구겨질세라 소중히 간직해 온 작은 편지 한 통을 내밀었다.

“선생님, 사람들이 선생님에 대해 뭐라고 말하든 저는 알아요. 선생님이 얼마나 저희를 가슴으로 가르치시는지…. 선생님의 활 끝에서 나오는 소리가 제 인생을 바꾸고 있어요. 포기하지 않아 주셔서 정말 감사합니다.”

그 짧은 문장을 읽는 순간, 억눌러 왔던 억울함과 서러움이 댐이 터지듯 뜨거운 눈물이 되어 쏟아졌다. 백 명의 제자가 나를 배신하고 천 명의 학부형이 나를 무시한다 해도, 단 한 명의 제자가 나의 진심을 온전히 읽어주었다면 그것으로 나는 충분했다. 그 아이의 편지는 부고 봉투의 저주를 씻어내는 정화수였고, '애가 없어 모른다'는 비난을 잠재우는 가장 강력한 생의 증명이었다. 그래, 내가 쏟아부은 시간은 결코 헛되지 않았다. 내 진심은 누군가의 가슴 속에서 이미 '빛의 울림'으로 자라나고 있었던 것이다.

치유의 기적은 거기서 멈추지 않았다. 또 다른 제자가 다가와 내 빈 가슴에 천군만마와 같은 빛을 심어주었다. 평소처럼 레슨을 마친 그 아이는 조심스럽게 나에게 물었다. "선생님, 저 이제 선생님하고 진짜 친해진 거 맞죠?" 뜬금없는 질문에 내가 의아해하며 웃자, 아이는 사뭇 진지한 표정으로 마음 깊은 곳의 고백을 시작했다.

"사실은 제가 선생님께 사과드릴 일이 있어서요. 처음 선생님께 배우게 됐을 때, 사실 걱정을 정말 많이 했거든요. 밖에서 선생님은 본인의 방식만 강요하신다는 소문을 들었거든요. '그 선생님은 자기 것만 시킨다'는 말이 돌고 있어서 저도 사실 겁이 났어요. 그런데 제가 선생님께 직접 배우면서 느낀 건 전혀 달랐어요. 단 한 번도 선생님의 방식을 강요받는다고 느낀 적이 없었거든요. 오히려 제가 미처 생각하지 못한 부분에 대해 새로운 아이디어를 주시고 제 생각을 열어주셔서, 매번 정말 많이 배운다는 생각이 들었어요. 저는 오히려 선생님한테 더 일찍 왔으면 좋았을 텐데, 그게 너무 아쉽고 후회돼요. 선생님, 저 졸업해도 선생님한테 계속 레슨 받으면 안 될까요?"

가슴 한구석이 뻐근할 정도로 뜨겁게 차올랐다. 이 제자는 내가 입시를 직접 도와주며 인생을 걸고 합격시킨 아이도 아니었다. 그저 나의 가르침을 묵묵히 이해해 주고, 그 가치를 온전히 받아들여 주던 학생이었다. 그런 제자가 내 표정을 살피더니 눈을 빛내며 다시 물었다.

"선생님, 제가 이런 잘못된 소문들을 없앨 수 있게 뭐라도 도와드리고 싶은데, 제가 어떻게 하면 될까요? 누구한테라도 가서 아니라고 소리치고 싶어요."

그 말은 나에게 세상 그 무엇과도 바꿀 수 없는 구원이자, 무너진 자존감을 세워주는 거룩한 선언이었다. 눈물이 핑 돌았다. 나는 차마 아이를 똑바로 보지 못하고 고개를 숙인 채 대답했다.

"아니야, 아니야…. 그렇게 내 진심을 알아주는 제자 하나가 있다는 게, 이 모든 오해를 벗어던질 수 있는 나에겐 가장 크고 좋은 선물이야. 네 마음만으로도 나는 이미 지나온 세월을 다 보상받았어."

나는 이제 더 이상 서글프지 않다. 나를 아프게 했던 무지함과 변심에 일일이 대응하며 에너지를 쏟기보다, 내 진심을 알아주는 이들의 편에 서서 더 행복한 마음으로 아름답고 빛나는 음악을 연주할 것이다. 세상은 여전히 나를 소심하다고, 혹은 사회생활이 부족하다고 비웃을지도 모른다. 하지만 나는 이제 안다. 진정한 사회생활이란 권모술수로 사람을 대하는 것이 아니라, 상처 입으면서도 끝내 진심의 끈을 놓지 않는 용기, 그리고 단 한 사람의 영혼이라도 진심으로 울리는 일이라는 것을 말이다.

비올라와 나는 다시 합주를 시작한다. 억울함의 불협화음을 지나, 이제는 이해와 용서의 완만한 선율을 향해 나아간다. 나의 '빛의 울림'은 이제 상처받은 이들을 치유하는 더 깊고 단단한 소리가 되어, 저 넓은 세상을 향해 다시금 힘차게 뻗어 나갈 준비를 마쳤다. 나를 믿어준 제자들의 선율 속에서, 나는 비로소 진정한 음악가이자 스승으로 다시 태어난다.

내 곁의 비올라가 내게 속삭인다. 이제는 더 당당하게, 더 빛나는 음악으로 세상을 마주하라고. 그 어떤 비수도, 그 어떤 저주 섞인 봉투도 이제 나의 울림을 멈출 수는 없다.

# 4.
# '재능 없다'는 말의 폭력

그러던 어느 날, 한 통의 전화가 걸려왔다.

"선생님, 우리 아이는 재능이 없는 것 같아요."

수화기 너머로 들려오는 그 말에 내 손이 순간 멈췄다. 낯설지 않은 문장이었다. 나 역시 평생 그 말의 그림자 속에서 자라왔다.

"옥타브도 안 닿는 손으로 어떻게 피아노를 전공하겠니?"

열 살 때 피아노 선생님이 던졌던 그 한마디는 내 인생의 항로를 틀어버렸다. 그 덕분에 비올라를 만났지만, 그 말의 무게는 여전히 묵직한 추처럼 어깨 위에 남아 있었다.

나는 한숨을 삼키며 물었다. 아이는 초등학교 3학년, 악기를 배운 지는 석 달. 어머니는 다른 아이들과 비교하며 조급해하고 있었다. '다른 애들은.' 세상의 얼마나 많은 아이들이 그 단어 앞에서 무너지는가.

다음 레슨 시간, 나는 그 아이, 지우를 만났다. 작은 체구에 더 작은 손. 아이는 마치 자신이 이곳에 있어도 되는지 묻는 듯한 조심스러운 걸음으로 들어왔다. 내가 이름을 묻자, 아이는 작은 목소리로 대답했다. 비올라가 좋으냐는 질문에 아이는 잠시 망설이다 고개를 끄덕였다. 그리고 덧붙였다.

"네. 근데… 저 잘 못해요."

그 순간, 나는 거울처럼 열 살의 나를 보았다. 엄마가, 그리고 전 선생님이 재능이 없다고 했다는 아이의 말 속에서 '재능'이라는 단어가 비수처럼 날아와 다시 나를 찔렀다. 나는 지우에게 연주를 부탁했다. 아이가 어색한 자세로 악기를 잡고 활을 그었다. 소리는 불안정했고 음정은 제멋대로였다. 객관적으로 잘하는 연주는 아니었다.

하지만 나는 그 서툰 소리 안에서 다른 것을 들었다. 포기하지 않으려는 마음, 그리고 음악을 향한 순수한 애정.

"지우야, 왜 비올라가 좋아?"
"소리가… 따뜻해요. 사람 목소리 같아요."

그 대답에 나도 모르게 미소가 번졌다. 그래, 바로 그거였다. 세상의 모든 재능보다 중요한 것. 나는 지우의 눈을 보며 말했다. 재능이란 건 처음부터 정해져 있는 게 아니라고. 재능은 좋아하는 마음이 아주 오랫동안 자라난 모습일 뿐이라고. 지우는 이미 그 시작점에 서 있는 것이라고 말이다.

나는 내 작은 손을 펼쳐 아이에게 보여주었다. 피아노를 못 한다던

바로 그 손이었다. 이 손으로 20년 넘게 비올라를 연주해 왔다고, 만약 재능이 없다면 지금의 나는 무엇이냐고 묻자, 지우는 처음으로 환하게 웃었다.

그날 이후, 나는 내 수업에서 '재능'이라는 단어를 지웠다. 대신 그 자리를 '관심'과 '꾸준함'이라는 말로 채웠다. 어제보다 한 음이 더 길어진 성장을, 지난주보다 조금 더 나아진 자세를 칭찬했다. 완벽한 결과가 아닌, 성실한 과정을 격려했다.

한 달이 지났다. 지우의 소리가 달라지기 시작했다. 여전히 완벽하진 않았지만, 소리에는 분명한 힘과 안정이 깃들어 있었다. 무엇보다, 아이의 연주에서 더 이상 주저함이 느껴지지 않았다. 그 작은 손끝에서 피어나는 소리는, 세상의 모든 마음이 알아들을 수 있는 가장 진실한 언어였다.

레슨이 끝나고, 지우의 얼굴에는 더 이상 조심스러운 빛이 없었다. 아이는 맑은 눈으로 나를 보며 물었다.

"선생님, 저 이제 재능 생긴 거예요?"

나는 웃으며 고개를 저었다.

"아니."

순간 아이의 얼굴이 어두워졌다. 나는 아이의 어깨를 감싸며 말을 이었다.

"재능은 원래부터 있었어. 지우가 비올라를 좋아한다는 그 마음. 그게 진짜 재능이야. 이제 그 재능이 조금씩 자라고 있는 거지."

몇 달 후, 지우의 어머니에게서 전화가 왔다. 목소리가 전과는 달리 밝았다. 아이가 매일 스스로 연습을 한다고, 완전히 달라졌다고 했다. 그리고는 조심스럽게 사과했다. 재능이 없다고 말해서 미안했다고. 나는 괜찮다고, 아이를 위한 마음이었음을 안다고 답했다. 그녀가 물었다. 선생님이 생각하는 재능이 대체 무엇이냐고. 나는 잠시 창밖을 보며 생각에 잠겼다.

"재능은요, 멈추지 않는 마음이에요. 잘하든 못하든, 그저 계속하고 싶은 마음. 그게 진짜 재능입니다."

전화를 끊고 나는 한참 동안 창밖을 바라보았다. 바야흐로 봄이었다. 꽃들이 저마다의 속도로 피어나고 있었다. 어떤 꽃은 일찍 피고, 어떤 꽃은 더디게 폈다. 하지만 결국 모든 꽃은 자신만의 모습으로 아름다웠다. 사람도 그렇다. 누군가는 일찍 피어나고, 누군가는 조금 늦게 피어날 뿐이다. 모두에게는 반드시 자신만의 시간이 있다. '재능이 없다'는 말은 틀렸다. 그것은 '아직 피어나지 않았다'는 뜻일 뿐이다.

*재능은 타고나는 것이 아니라 자라는 것이다.
좋아하는 마음이 오래 자라면 그것이 재능이 된다.
'재능 없다'는 말은 폭력이다. 모든 사람에게는 피어날
시간이 있다. 늦게 피는 꽃이 더 오래 남는다.*

## 5.
# 한 음, 하나의 세계

그렇게 또 다른 계절이 시작될 무렵, 한 통의 전화가 내게 새로운 씨앗을 건넸다. 전화기 너머의 목소리는 거절당할 것을 두려워하듯 가늘게 떨리고 있었다.

"선생님, 저희 아이도… 배울 수 있을까요?"

물론이라고 답하자, 어머니는 아이가 조금 느리고, 말을 이해하지 못해 여러 번 가르쳐야 한다고 했다. 지적장애가 있는 아이였다. 하지만 음악을 너무나도 좋아한다고 했다. 나는 잠시 숨을 고르고 대답했다.

"음악은 빠른 사람이 하는 게 아니에요. 좋아하는 사람이 하는 겁니다. 언제 오실 수 있나요?"

일주일 후, 나는 하늘이를 만났다. 초등학교 5학년쯤 되어 보이는 남자아이는 엄마의 손을 꼭 잡고 있었다. 한 발, 한 발, 세상을 조심스럽게 딛는 걸음이었다. 내가 인사를 건네자 아이는 작은 목소리로 답했다. 비올라를 왜 배우고 싶냐는 나의 질문에 하늘이는 잠시 생각하더니 말했다.

"소리가… 예뻐요."

나는 웃었다. 아이는 비올라의 본질을 정확히 꿰뚫고 있었다. 귀가 정말 좋다고 칭찬하자, 하늘이의 얼굴에 처음으로 환한 미소가 번졌다.

첫 수업은 결코 쉽지 않았다. 하늘이의 손은 자주 떨렸고, 활을 쥐고 현을 누르는 모든 과정이 힘겨워 보였다. 하지만 아이는 단 한 번도 '못 하겠다'는 말을 하지 않았다. 대신 스무 번, 서른 번이고 "선생님, 다시 해볼게요."라고 말했다. 그 작은 몸에서 뿜어져 나오는 끈기는 경이로웠다.

그리고 마침내, 소리가 났다.

웅—

짧고 떨리는, 완벽과는 거리가 먼 소리. 하지만 그 한 음에 나는 목이 메었다. 그것은 단순한 소리가 아니었다. 세상의 벽을 향해 아이가 보낸 첫 번째 '대답'이었다.

"하늘아, 방금 그거! 완벽했어!"

내 외침에 아이의 눈이 동그래졌다. 정말 예쁜 소리였다고 말해주자, 하늘이는 세상을 다 가진 듯 웃었다. 그 미소가 나를 울게 만들 뻔했다.

한 달이 지나자 하늘이의 소리는 점점 안정되었다. 무엇보다 아이의 눈빛이 달라졌다. 자신감이라는 빛이 깃들기 시작했다.

어느 날, 하늘이의 어머니가 다음 달에 있을 학교 축제 이야기를 꺼냈다. 다른 아이들은 모두 무대에 서는데, 하늘이도 무척 서고 싶어 한다는 것이었다. 나는 하늘이를 보았다. 아이는 간절한 기대로 나를 바라보고 있었다.

순간 망설였다. 무대는 잔인한 곳이다. 모든 실수가 고스란히 드러난다. 아이가 상처받으면 어쩌나. 하지만 나를 향한 그 빛나는 눈빛을 보는 순간, 내 대답은 명확해졌다.

“물론이죠. 무대는 잘하는 사람이 서는 게 아니라, 서고 싶은 사람이 서는 거예요.”

그날부터 하늘이의 바흐 한 곡을 위한 특별 훈련이 시작되었다. 그 곡의 같은 구절을 백 번 넘게 연습했다. 손이 떨려도, 음이 흔들려도, 아이는 결코 포기하지 않았다. 매일 레슨이 끝나면 하늘이는 땀을 닦으며 나에게 물었다.

“선생님, 오늘은 어땠어요?”
“오늘은 어제보다 훨씬 좋았어. 특히 마지막 부분, 완벽했어.”

내 칭찬에 하늘이가 웃었다. 그 미소 하나가 나의 모든 피로를 녹였다.

공연 전날 밤, 하늘이의 어머니에게서 전화가 왔다. 아이가 너무 떨려서 잠을 이루지 못한다는 것이었다. 나는 수화기 너머로 전해지는 어머니의 걱정을 다독였다.

“저도 떨려요. 우리 그냥 같이 떨면 되죠. 하늘이는 내일 분명히 잘할 겁니다.”

공연 당일, 학교 강당은 아이들과 학부모들로 가득 차 있었다. 나는 무대 옆, 어두운 막 뒤에서 숨을 죽인 채 하늘이를 기다렸다. 이윽고 아이가 천천히 걸어 나왔다. 손에는 자신의 몸집만 한 비올라를 들고 있었다. 걸음이 조금 흔들렸지만, 아이는 멈추지 않고 무대 중앙을 향해 나아갔다.

객석이 순간 조용해졌다. 하늘이가 나를 보았다. 나는 아이를 향해 보란 듯이 엄지를 치켜세웠다. 아이는 악기를 어깨에 올리고 활을 들었다. 그리고 깊은 숨을 한번 들이마셨다.
연주가 시작되었다.

웅—

첫 음이 강당을 가득 채웠다. 미세하게 떨리는 소리였다. 하지만 아이는 멈추지 않았다. 두 번째 음, 세 번째 음이 이어지면서 소리는 조금씩 안정을 찾아갔다. 객석의 누군가가 숨을 삼키는 소리가 들렸다. 모두가 숨을 죽이고, 작은 거인의 연주에 집중했다.

중간에 아이의 손이 미끄러지며 날카로운 파열음이 났다. 심장이 철

렁 내려앉았다. 하지만 하늘이는 멈추지 않았다. 아무 일도 없었다는 듯, 곧바로 다음 음으로 넘어갔다. 바로 그 순간이었다. 객석의 누군가가 작은 박수를 쳤다. 그러자 여기저기서 연주 중간임에도 불구하고 격려의 박수가 터져 나왔다.

하늘이가 마지막 음을 길게 그었다. 그 여운이 완전히 사라질 때까지 강당 안의 누구도 움직이지 않았다. 그리고 정적이 깨지는 순간, 폭발적인 박수 소리가 터져 나왔다.

무대를 내려온 하늘이를 어머니가 끌어안았다. 두 사람은 아무 말 없이 울고 있었다. 나는 조금 떨어진 곳에서 그 모습을 지켜보았다. 나 역시 눈물이 났다. 참으려 했지만 멈출 수가 없었다. 하늘이가 내게 달려왔다.

"선생님! 제가 해냈어요!"
"그래, 네가 해냈어. 정말 멋졌어, 하늘아."
"떨렸는데, 소리가 나니까 안 무서웠어요."

나는 그 말을 듣고 아이를 힘껏 안아주었다.
그날 무대 위에서 울려 퍼진 '한 음'은 세상 어떤 완벽한 연주보다 위대했다. 그것은 기술이 아니라 용기였고, 재능이 아니라 사랑이었다. 하늘이는 그날 나에게 음악의 본질을 다시 가르쳐주었다. 음악이란 완벽한 소리를 만드는 일이 아니라, 한 사람의 가능성을 끝까지 믿어주는 일이라는 것을.

*완벽한 한 곡보다 용기 있는 한 음이 더 아름답다.*
*무대는 잘하는 사람이 서는 곳이 아니라 서고 싶은 사람이 서는 곳이다. 음악은 기술이 아니라 용기다.*
*그 용기가 세상을 바꾼다.*

# 6.
# 코로나, 그리고 다시 배우다

2020년 3월, 세상이 멈췄다.

다음 주도, 그다음 주도 레슨은 못 했다. 개인레슨은 취소되었고, 사회적 거리 두기라는 낯선 단어가 우리 사이를 갈라놓았으며 악기 소리는 제 갈 길을 잃었다. 연주회도 많이 줄었다. 아이들의 웃음소리도, 서툰 현의 마찰음도 들리지 않는 공간은 이상할 만큼 고요했다. 그 침묵은 무거웠다.

집에서 연습을 해보았지만 음악은 공허했다. 들어주는 이 없는 연주는 길 잃은 메아리와 같았다. 아이들에게 전화를 걸었다. 아이들은 저마다 선생님이 없으니 연습이 잘되지 않는다고 했다. 나 역시 너희가 없으니 연습이 되지 않는다고 답했다. 전화를 끊고 나는 생각했다. 분명 방법이 있을 것이라고.

며칠 뒤, 화상 레슨을 제안했다. 줌(Zoom)이라는, 생전 처음 듣는 단어였다. 그렇게 나의 첫 화상 레슨이 시작되었다. 컴퓨터 화면에 아이들의 얼굴이 작은 사각형들로 하나씩 나타났다. 지우, 수진이, 지훈이, 그리고 하늘이까지. 모두 각자의 방에서 나를 보고 있었다. 두 달 만에 듣는 아이들의 목소리는 스피커를 통해 들려왔지만 더없이 반가웠다.

처음 몇 주는 혼란의 연속이었다. 소리가 끊기고 화면이 멈췄다. 자세를 교정해 주고 싶어도 화면 너머로는 한계가 있었다. 답답함이 밀려왔다. 하지만 아이들도, 나도 포기하지 않았다. 기술적인 문제가 생길 때마다 화면 속 아이들은 입을 모아 말했다.

"선생님, 다시 해볼게요."

그 말이 얼마나 고마웠는지 모른다. 한 달이 지나자 우리는 새로운 방식에 익숙해졌다. 우리는 물리적으로 떨어져 있었지만, 그 작은 화면을 통해 그 어느 때보다 단단하게 연결되어 있었다.

화면으로도 아이들의 자세를 볼 수 있었고, 스피커를 통해 나오는 소리로 음정을 잡을 수 있었다. 우리는 새로운 세상에 조금씩 익숙해져 갔다. 그러던 어느 날, 수진이가 화면 너머에서 불쑥 말했다.

"선생님, 화면으로는 선생님 냄새가 안 나요."

순간 웃음이 터져 나왔다.

"냄새라고?"
"네. 연습실 냄새요. 송진 냄새, 나무 냄새… 그리고 선생님 향수 냄새요."

그 말에 울컥, 하고 무언가 뜨거운 것이 목구멍으로 차올랐다. 아이들에게 음악은 단순히 귀로 듣는 소리만이 아니었다. 그것은 코로 맡는 냄새였고, 피부로 느끼는 공기였으며, 함께 있다는 온전한 감각이었다. 나 역시 마찬가지였다. 나도 아이들의 웃음소리와 복도를 울리는 발걸음 소리, 그 모든 것이 사무치게 그리웠다.

어느덧 계절이 두 번 바뀌었다. 가을의 문턱에서 지우가 새로운 제안을 했다.

"선생님, 우리 온라인 연주회 하면 안 돼요?"

각자의 집에서 영상을 찍어 보내면, 내가 하나의 영상으로 이어 붙이는 방식이었다. 그 아이디어는 어둠 속 한 줄기 빛과 같았다. 우리는 바로 실행에 옮겼다. 2주 동안 아이들은 영상을 보내왔다. 누군가는 거실에서, 누군가는 자신의 방에서, 또 누군가는 베란다에 서서 연주했다. 각기 다른 공간과 다른 조명 아래, 아이들은 홀로 악기를 들었다.

그 영상들을 편집하며 나는 소리 없이 울었다. 제각기 다른 공간에서 외롭게 울려 퍼지던 소리들이 하나의 선율로 이어지는 기적을 보고 있었다. 지우의 방에서 시작된 음은 수진이의 거실로 이어졌고, 그 선율은 지훈이의 베란다를 거쳐 하늘이의 작은 방으로 흘러 들어갔다. 우리는 떨어져 있었지만, 음악 안에서 완벽하게 하나가 되었다.

*세상이 멈춰도 음악은 멈추지 않는다. 형태만 바뀔 뿐.*
*위기는 우리에게 본질을 가르친다. 음악은 소리가 아니라*
*연결이다. 함께 있다는 것, 그것이 진짜 음악이다.*

# 7.
# 다시, 제자리에서 배우는 겸손

팬데믹이 끝나고 처음으로 연습실 문을 열던 날, 손에 쥔 열쇠가 유독 낯설게 느껴졌다. 수백 번도 더 열었던 문인데, 그날따라 손이 떨렸다. 문을 여는 순간, 익숙한 송진 냄새가 훅 밀려왔다. 그 냄새에 눈물이 날 뻔했다. 나는 텅 빈 연습실을 향해 혼잣말을 했다.

"다시 왔구나."

오랜만에 아이들을 레슨을 통해 만났다. 어떤 아이는 키가 훌쩍 컸고, 어떤 아이는 목소리가 변해 있었다. 시간은 우리도 모르는 사이 아이들을 성장시키고 있었다. 하지만 이상했다. 2년 동안 화면을 통해 가르친 아이들의 연주는 기술적으로는 완벽했지만, 어딘가 모르게 차가웠다.

지우의 연주를 듣다가 나는 손을 들어 멈추게 했다.

"지우야, 네 마음이 안 들려."
"마음이요?"

나는 어떻게 설명해야 할지 잠시 말을 골랐다.

"너 요즘 뭐가 제일 재밌어? 친구들 만나는 거? 그럼 그 기분으로 연주해 봐. 친구를 만나서 신나고 기쁜 바로 그 마음으로."

지우가 다시 활을 들었다. 이번엔 완전히 다른 소리가 났다. 훨씬 밝고 따뜻한 소리였다. 바로 그것이었다. 나는 그제야 깨달았다. 지난 2년간 나는 기술만을 가르쳤다. 화면으로는 마음을 가르치는 법을 잊고 있었다. 어쩌면, 가르치려고 시도조차 하지 않았는지 모른다.

나도 다시 배워야 했다.

다음 레슨부터 모든 것을 바꾸었다. 나는 악기를 내려놓고 아이들에게 먼저 물었다.

"오늘은 먼저 이야기부터 하자. 이번 한 주, 다들 어땠어?"

"학교에서 친구랑 싸웠어요."

그 감정을 소리로 꺼내보라 일렀다. 수진이의 악기에서는 거칠고 불안정한 소리가 터져 나왔다. 하지만 그 안에는 꾸미지 않은 진심이 있었다. 나는 고개를 끄덕였다. 지금 너의 마음이 담긴 소리, 그것이 진짜 음악이다.

어느 날은 지훈이가 연습실 구석에서 울고 있었다. 다른 친구들에 비해 자신이 너무 느리다는 것이었다. 예전의 나였다면 주저 없이 "더 연습해."라고 말했을 것이다. 하지만 이제 나는 다른 사람이었다.

"지훈아, 음악은 경주가 아니야."

나는 아이의 눈을 보며 말했다.

“네가 걸어가는 속도로 가는 거야. 빨리 가는 사람은 놓치는 풍경을, 천천히 가는 사람은 더 많이 볼 수 있어. 선생님도 느렸고, 지금도 느려. 그래도 괜찮아. 천천히 가도 우리는 결국 도착하거든.”

그날 이후, 지훈이의 연주는 여전히 느렸지만, 그 소리에는 이전에는 없던 깊이가 생겨났다.

멈춤의 시간을 지나며 나는 완전히 다른 사람이 되었다. 한 치의 오차도 없는 음정과 박자, 완벽한 테크닉만을 추구하던 나는 사라졌다. 이제 나는 아이들에게 기술을 묻기 전에 마음을 먼저 묻는다.

“오늘은 어떤 마음으로 연주했니?”

학생들 역시 변했다. 예전에는 “잘했어요?”라고 물었던 아이들이 이제는 “제 마음이 들렸어요?”라고 묻는다. 그 변화가 나를 가르친다. 나는 매일 제자들의 서툰 소리와 진심 어린 연주, 포기하지 않는 용기를 통해 배운다. 겸손이란 낮아지는 것이 아니라, 기꺼이 배우는 자세였다.

***

학생들을 가르치기 시작하면서, 나도 모르게 완벽을 강요하고 있었다. 수업 준비를 할 때마다 악보의 한 음, 한 활선까지 분석했고, 학생이

틀리는 부분이 있으면 즉시 수정했다.

음악은 살아있는 건데, 나는 자꾸 정답을 찾으려 했다.

어느 날, 교수님께서 내 수업을 잠깐 지켜보시더니 웃으며 말했다.

"상회야, 너무 완벽하다. 꼭 셰퍼드 같아."

나는 뜻을 몰라 멍하니 교수님을 바라봤다.

교수님은 천천히 말을 이었다.

"셰퍼드는 똑똑하고 규율에 철저하지. 그런데 말이야, 나는 발바리가 더 좋아. 조금 어설퍼도 즐겁게, 자기 방식으로 뛰어노는 게 음악이야."

그 말을 듣는 순간, 마음이 풀렸다.

학생들에게 음악을 가르친다는 건 정답을 알려주는 일이 아니라, 그들이 자기만의 소리를 찾도록 도와주는 일이라는 걸 그제야 깨달았다.

그날 이후, 나는 수업을 '지도'가 아니라 '대화'로 바꾸었다.

완벽함보다 즐거움, 기술보다 감정.

음악을 가르치는 일은 결국, 사람을 이해하는 일이었다

*가르치는 사람이 가장 많이 배운다. 겸손은 낮아지는 게 아니라 배우는 것이다. 완벽보다 진심. 기술보다 마음. 제자리로 돌아와 다시 배우는 것, 그것이 성장이다.*

# 8.
# 피라미드보단 빛이 닿는 수평선으로

어느 날 한 제자가 내게 물었다.

“선생님은 왜 오케스트라에 잘 서지 않으세요? 선생님 실력이면 오케스트라에도 들어갈 수 있잖아요.”

과거의 나였다면 그 질문에 민감하게 반응했을 것이다. 하지만 나는 웃으며 대답할 수 있었다.

“여기가 좋아서. 무대 위 스포트라이트를 좋아하지만 너희와 함께 있는 지금 이 시간이 더 좋아서.”

예전의 나는 피라미드 안에 살았다. 더 나은 연주, 더 큰 무대, 더 높은 명성을 향해 끝없이 올라가야 하는 삶. 그곳은 찬란했지만 외로웠다. 정상으로 갈수록 자리는 좁아졌고, 누군가를 밟고 올라서야 했으며, 나 또한 누군가에게 밟힐까 두려웠다. 문득 공허한 질문이 나를 덮쳤다. 나는 왜 올라가고 있는가. 정상에 오르면 정말 내가 원하던 음악이 있을까.

시카고 심포니 오디션에서 떨어진 날 밤, 나는 호텔 방에 홀로 앉아 음악을 처음 시작했던 때를 떠올렸다. 경쟁도, 명예도 없던 시절. 그저 사람의 목소리처럼 따뜻한 비올라 소리가 좋아서 시작했던 나의 음악은, 어느새 나를 증명하기 위한 날카로운 도구가 되어 있었다.

한국에 돌아와 학생들을 가르치기 시작하며 나는 방향을 틀었다. 위로 올라가는 대신, 옆으로 걷기로 했다. 나보다 앞서가는 사람을 쫓는 대신, 조금 느린 사람과 보폭을 맞추며 함께 걷기로 했다. 혼자 빨리 가는 것보다 함께 천천히 가는 길은 훨씬 더 많은 인내를 필요로 했다. 하늘이에게 같은 구절을 백 번 넘게 가르치며, 나는 기다림을 배우고 다른 사람의 속도를 존중하는 법을 배웠다. 그 백 번의 시간이 나를 성장시켰다.

어느 날 지우가 나를 보며 말했다.

"선생님은 꼭 수평선 같아요. 끝이 없어 보이는데, 멀리서 보면 하늘이랑 맞닿아 있잖아요."

그 말이 마음에 오래도록 남았다. 그렇다. 내가 가고 싶은 곳은 아득한 정상이 아니라, 모두와 나란히 설 수 있는 드넓은 수평선이었다.

*피라미드 꼭대기는 한 사람을 위한 자리지만,*
*수평선은 모두가 함께 바라보는 풍경이다.*
*나의 음악은 이제 아찔한 높이가 아니라,*
*끝없는 넓이를 향한다. 더 이상 완벽한 연주로 누군가를*
*압도하려 애쓰지 않는다. 제자들과 함께 연주하고,*
*함께 웃고, 함께 실수하는 지금의 온기가 좋다.*
*화려한 무대 위에서 쏟아지던 박수보다,*
*연습실을 나서는 아이의 "선생님, 오늘 재밌었어요."라는*
*한마디가 더 큰 울림으로 다가온다. 나는 이제 정상을 향해*
*오르지 않는다. 대신, 누군가의 옆에서 나란히 걷는다.*
*그것이 내가 선택한 삶의 수평선이다.*

9.

## 제자들과 함께 펼치는 수평선

어느 날 수진이가 불쑥 제안했다. 유튜브를 해보는 게 어떻겠냐는 것이었다. 우리끼리 배우기에는 아깝다는 아이의 말에 나는 그저 웃었다. 나 같은 사람이 카메라 앞에 선다는 것은 상상해 본 적 없는 일이었다. 하지만 일주일 후, 나는 떨리는 목소리로 첫인사를 건네고 있었다.

"안녕하세요. 뮤직상회입니다."

무대보다 작은 카메라 렌즈가 더 떨렸다. 말은 더듬거렸고 실수는 잦았다. 열 번을 넘게 찍고 나서야 겨우 제자들과 함께 대화하며 풀어가는 음악인의 삶을 담은 10분짜리 영상을 완성했다. '누가 이걸 볼까? 비웃으면 어쩌지?' 업로드 버튼을 누르는 손끝이 차가웠다.

어느 공연에서 난 솔직히 고백했다.

"솔직히 말하면, 저는 유명한 연주자가 아닙니다. 큰 무대에 서본 적도 많지 않고, 오디션에서 떨어진 적도 있습니다. 하지만 저는 연주자의 길을 사랑합니다. 그리고 여러분과 그 마음을 나누고 싶습니다. 완벽하지 않아도 괜찮아요. 천천히 가도 괜찮습니다. 음악은 경쟁이 아니라, 대화니까요."

관객들의 박수와 유튜브에 올라간 영상의 댓글에 되레 위로를 받았다. 그들의 이야기가 나를 단단하게 만들었다.

유튜브 채널명인 '뮤직상회'의 뜻은, 물건을 파는 '상회'처럼 음악을 나누자는 의미다. 뮤직상회는 점점 커지고 있지만 나는 변하지 않았다. 여전히 연습실에서, 학생들과 함께 있다. 이제는 제자들이 영상에 출연해 자신의 노하우를 나누기도 한다. 수줍게 카메라 앞에 선 제자들의 모습에서, 나는 우리가 함께 드넓은 수평선을 그려가고 있음을 본다. 화려한 편집도, 능숙한 기교도 없지만, 나의 영상에는 진심이 있다. 그것이야말로 내가 세상과 나누고 싶은 유일한 선율이다.

*가르침은 나누는 것이다. 혼자 가는 길보다*
*함께 만드는 길이 더 아름답다. 완벽하지 않아도 진심이 있으면 된다. 작은 영상 하나가 누군가의 인생을 바꿀 수 있다.*
*그것이 진짜 음악의 힘이고 연주자의 매력이다.*

# 10.
# 먼 훗날 제자들이 기억해 주길 바라는 나의 뒷모습: 잊혀도 좋을, 그러나 결코 흔들리지 않았던 단단한 디딤돌이 되어

사랑하는 나의 제자들아. 먼 훗날, 너희 중 누군가는 나를 유난히 엄격하고 타협할 줄 모르는 고집스러운 스승으로 기억하며 고개를 가로저을지도 모르겠구나. 혹은 합격이라는 좁은 문을 통과하자마자 잊고 싶은, 그저 고통스럽고 치열했던 수련의 증인으로 나를 기억의 심연에서 지워버렸을지도 모르지.

나를 오해하고 비수를 꽂은 채 돌아선 이들도, 핫팩 한 봉지에 고단한 마음을 녹이게 했던 이들도, 내게는 모두 내 영혼의 일부를 떼어 가르친 아이들이었단다.

하지만 내가 너희에게 진정으로 심어주고 싶었던 것은 찰나의 화려한 입시 결과나 매끄러운 테크닉이 아니었다.

나는 너희가 홀로 선 무대 위에서, 혹은 세상의 차가운 냉대와 예기치 못한 실패의 파도에 직면했을 때, 스스로를 지탱하고 다시 일어설 수 있는 '강철 같은 영혼의 근육'을 길러주고 싶었을 뿐이란다. "연습은 결코 배신하지 않는다"는 나의 지독하고도 처절했던 그 선언이, 훗날 너희의 삶이 송두리째 뒤흔들리는 절체절명의 순간마다 너희를 붙들어 줄 단단한 닻이 되어주길 바랐단다.

내가 너희에게 가혹하리만큼 엄격했던 이유는, 세상이 너희에게 줄 상처보다 내 교육이 더 단단하고 근원적인 방어기제가 되길 원했기 때문이야.

스승이라는 자리는 때때로 고독한 가시밭길과 같단다. 제자의 성장을 위해 악역을 자처해야 하고, 때로는 제자의 변심과 세상의 오해라는 진흙탕 속을 홀로 걸어야 하지. 하지만 나는 그 길을 단 한 번도 후회해본 적이 없다. 너희가 낸 그 맑은 소리 한 자락이, 내가 겪은 모든 비참함과 억울함을 씻어내는 유일한 보상이었기 때문이야. 나는 너희에게 단순한 기술자가 아닌, 음악 앞에 정직한 인간이 되는 법을 가르치고 싶었다.

먼 훗날, 너희가 나의 이름을 떠올릴 때 그저 이런 모습의 스승으로 남기를 소망한다.

세속적인 조건보다 아이의 얼어붙은 내면의 소리에 먼저 귀를 기울였던 사람. 제자의 가난과 방황을 외면하지 못해 차가운 연습실 복도에서 악기를 껴안고 함께 밤을 지새웠던 사람. 부고 봉투에 담긴 치욕적인 모욕 앞에서도 제자의 미래를 위해 다시금 결연히 활을 잡았던 사람. 무엇보다 세상의 온갖 편견과 악의적인 소문이라는 가시밭길 속에서도 비올라를 놓지 않고 끝내 '빛의 울림'이 존재함을 온몸으로 증명해 냈던, 미련할 정도로 정직하고 바위처럼 단단했던 한 연주자의 뒷모습으로 말이야.

너희가 나를 딛고 올라가 내가 미처 닿지 못한 저 높은 곳에서 찬란하게 빛을 발한다면, 나는 기꺼이 잊혀도 좋고 먼지처럼 사라져도 좋다. 너희가 설령 나를 부정하고 떠났을지라도, 너희의 악기 케이스 구석에, 혹은 활 끝의 미세한 전율 속에 내가 심어놓은 음악적 정직함과 치열함이 단 한 조각이라도 살아 숨 쉬고 있다면, 스승으로서 나의 생은 이미 우주를 얻은 것과 다름없어. 지판 위에 지워지지 않는 흉터처럼 남은 나의 지문들이 너희의 선율 속에서 다시 피어날 수만 있다면, 나는 그것으로 충분하다.

부디 초심을 잃지 말자. 눈앞에서 반짝이다 사라질 신기루 같은 명성을 쫓아 영혼을 팔기보다, 소리의 진실을 쫓아 자신을 남김없이 태우는 연주자가 되자. 너희가 세상 곳곳에서 터뜨리는 그 아름다운 소리들이 모여, 내가 다 이루지 못한 '빛의 울림'의 대서사시를 완성해 주길 바란다.

나는 언제까지나 이곳에서, 가장 낮은 자세로, 그러나 가장 단단한 마음으로 너희의 눈부신 도약을 응원하고 있을게. 너희는 나의 가장 위대한 작품이자, 내가 이 땅에 남기고 가는 가장 강인한 생명의 신율이라는 걸 잊지 말아줘.

# 에필로그

나는 오래전 연습실의 기억을 떠올렸다.

방음벽의 냄새,
손끝이 닿는 현의 온도,
그리고 그 위를 천천히 지나가던 무대조명.
그 모든 것이 여전히 내 안에서 살아있었다.

돌아보면, 내 인생은 언제나 '소리'를 좇는 여정이었다.
그러나 그 소리는 악기에서가 아니라,
사람의 마음에서 시작된다는 것을 깨닫는 데에는
오랜 시간이 걸렸다.

음악이란 결국 사람을 향해 흐르는 진심의 언어였고,
나는 그 언어를 배워가며 살아왔다.

젊은 시절의 나는 빨리 가는 법을 배웠다
하지만 나이 들어 알게 된 것은,
오래 가고 널리 퍼지는 것이야말로
진짜 빛의 울림이라는 것이다.
성공은 언젠가 멈추지만, 진심은 멈추지 않는다.

나는 이제 무대의 조명보다
학생의 눈빛, 관객들의 눈빛을 더 오래 기억한다.
한 음의 정확함보다, 한 사람의 마음을 울리는 울림을 믿는다.

어쩌면 인생이란, 완벽한 연주를 향한 여정이 아니라
삶과 마음이 하나의 리듬을 찾아가는 빛나는 과정일지도 모른다.

수평선 너머로 빛이 천천히 내려앉을 때,
나는 오늘도 활로 울림을 노래한다.

그 소리가 누군가의 하루 끝에 작은 빛이 되어
울림 있는 위로가 되기를 바라며.

# 부록

CARNEGIE HALL

한국예술종합학교
음악원 제8회 정기연주회
The Korean National University of Arts School of Music
The 8th Regular Concert
•일 시 : 1997. 6. 27(금) 오후 7시 30분
•장 소 : 예술의전당 콘서트홀
•주 최 : 한국예술종합학교
•주 관 : 한국예술종합학교 음악원
•후 원 : 문화체육부

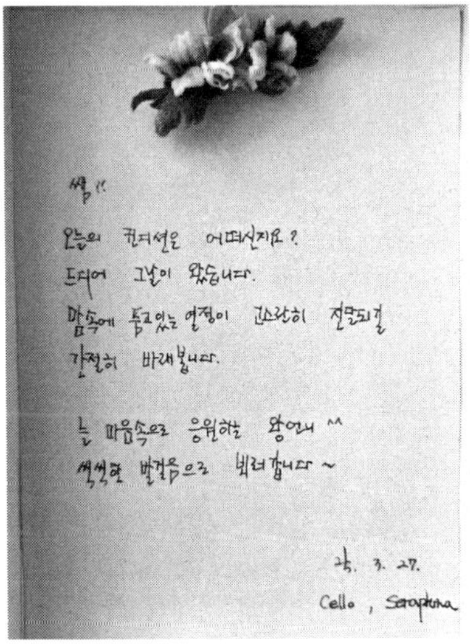
쌤!!
오늘의 컨디션은 어떠신지요?
드디어 그날이 왔습니다.
맘속에 품고있는 열정이 고스란히 전달되길
간절히 바래봅니다.
늘 마음속으로 응원하는 왕언니 ^^
씩씩한 발걸음으로 뵈러 갑니다~
. 3. 27.
Cello, Seraphina

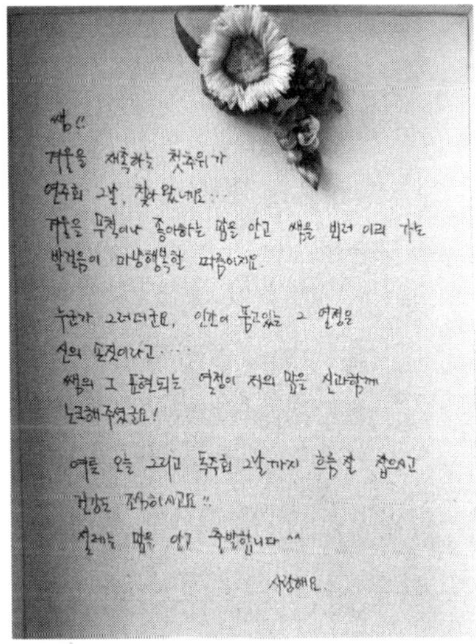
쌤!!
겨울을 재촉하는 첫추위가
연주회 그날, 찾아왔네요…
겨울을 무척이나 좋아하는 맘을 안고 쌤을 뵈러 미리 가는
발걸음이 마냥행복할 따름이지요.
누군가 그러더군요, 인간이 품고있는 그 열정은
신의 흔적이라고…
쌤의 그 표현되는 열정이 저의 맘을 신과함께
노크해주셨군요!
여름 오늘 그리고 독주회 그날까지 흐름을 잡으시고
건강도 조심하시고요!!
설레는 맘을 안고 출발합니다 ^^
사랑해요.

심지가 굳은 연주자
Violist 이상희

빛나는 선생님의 비올라 연주

열정연주악장님
5
싫어요
2
공유
음악 저장
리믹스
@musica327
구독
예술의전당 동생이랑 #올라비올라#정기연주 ...
닐 Richard Yongjae O'Neill] 바흐: 브란덴

살롱 드 공주 Salon de Gongju
뮤직상회
캐논
냉정과 열정 사이
대니 보이
시네마 천국
비올라 이상희
뮤직상회

Music
Sanghoe